20世纪中国教育家画传

主编：储朝晖

JIANG MENGLIN HUAZHUAN

蒋梦麟画传

仲玉英 陈桃兰 艾乐 夏雪源 著

四川教育出版社

图书在版编目（CIP）数据

蒋梦麟画传 / 仲玉英等著. —成都：四川教育出版社，
2017.5
（20世纪中国教育家画传）
ISBN 978-7-5408-6735-5

Ⅰ.① 蒋… Ⅱ.① 仲… Ⅲ.① 蒋梦麟（1886～1964）-
传记 - 画册 Ⅳ.① K825.46-64

中国版本图书馆CIP数据核字（2017）第033648号

责任编辑	央 金
封面设计	何一兵
版式设计	武 韵
责任校对	严道丽
责任印制	田东洋
出版发行	四川教育出版社
地 址	四川省成都市锦江区三色路266号
邮政编码	610023
网 址	www.chuanjiaoshe.com
印 刷	北京市兆成印刷有限责任公司
制 作	四川胜翔数码印务设计有限公司
版 次	2017年5月第1版
印 次	2022年4月第3次印刷
成品规格	170mm×230mm
印 张	16.75
书 号	ISBN 978-7-5408-6735-5
定 价	48.00元

如发现印装质量问题，请与本社调换。电话：（028）86259359
营销电话：15208205647 邮购电话：（028）86259605
编辑部电话：15884467278

《20世纪中国教育家画传（续编）》
编写说明

　　《20世纪中国教育家画传》十卷本获得2012年度国家出版基金资助，由四川教育出版社出版后，社会反响很好。同时也存在缺憾：原来考虑到取整数，选了十位教育家，而依据史实，当时属于同一层面的教育家客观上并不止十位。在十卷本的编写过程中，通过各卷作者们的相互讨论，我们意识到确实还有几位教育家应该列入20世纪中国教育家的范畴。为了弥补这一缺憾，我作为丛书主编，又征集大陆和台湾、香港等地教育史专业工作者意见，经过慎重考虑，选定叶企孙、陈寅恪、梁漱溟、蒋梦麟四人为续编传主，并得到四川教育出版社支持。

　　《20世纪中国教育家画传（续编）》仍然坚持主题与作者"双优选"的原则：《蒋梦麟画传》作者仲玉英教授长期从事教育史专业研究，又得身在蒋梦麟家乡的资料和文化理解便利；《陈寅恪画传》作者徐卫红在中国教育科学研究院从事教育史研究十余年，任《教育史研究》常务副主编；《梁漱溟画传》作者吴洪成在教育史研究领域长期耕耘，对梁漱溟研究经年；《叶企孙画传》则由我来撰写。

　　续编的创新点在于：

（1）对习近平主席就中华优秀传统文化的传承与弘扬多次作出的重要指示进行了深入学习领会，尽可能服务于中共十八届三中全会《决定》关于深化教育领域综合改革的需要，服务于"完善中华优秀传统文化教育"的需要，贯彻十八大以来的中央文化教育方针政策。

（2）续编所选叶企孙、陈寅恪、梁漱溟、蒋梦麟四位传主，由于各种原因，此前教育工作者对他们的教育贡献知之甚少，但他们确实对中国近百年的教育发展发挥了举足轻重的作用，在专业精神、教育业绩等方面与前十位传主难分高低，续编的编写，将使这一教育家群体更为完整。从对历史人物的评价角度来看，完成续编更能体现客观、公正、无偏见。从对现实教育的影响而言，像叶企孙的列入，填补了中国百年来大学理科教育历史表述的空白，弥补了教育史专业对理科教学研究不深入的短板；陈寅恪在中国传统文化研究以及中西文化融合上的典范作用，已是学界共识；梁漱溟在乡村建设和办学，以及教育哲学领域的成就铸就其教育家地位；蒋梦麟在北大的管理和中西融合上贡献杰出。

我们寄希望于续编的出版，能够比较完整地向读者介绍四位传主的教育思想、办学理念、办学实践，能够向读者彰显他们的教育家精神。但限于多种条件，书中难免存在不尽如人意甚至错讹之处，敬希读者谅解并给我们提出批评改进意见，以便再版时修订完善。

储朝晖

2015年12月

总　序

2007年3月5日，温家宝总理在第十届全国人大第五次会议的《政府工作报告》中郑重宣布：要提倡教育家办学。这个问题的提出显示出中国急需教育家却又缺少教育家。《国家中长期教育改革和发展规划纲要（2010～2020年）》更明确提出："造就一批教育家，倡导教育家办学。"

然而，现今即使是专门从事教育工作的人，对怎样才是真正的教育家却也没有清晰的认识。为解决这一问题，中央教育科学研究所研究员储朝晖与时任四川教育出版社社长安庆国在编写一套《20世纪中国教育家画传》丛书的想法上不谋而合，这对传承、传播中国20世纪教育家的办学理念，弘扬其教育精神和优秀思想，促进教育家办学的早日全面实现十分有益，也十分必要。

这套丛书所选择的十位传主是经过教育史专业的学者海选而产生的，他们是王国维、蔡元培、陶行知、张伯苓、胡适、梅贻琦、黄炎培、徐特立、陈鹤琴、晏阳初,我认为他们确实代表了20世纪对中国教育有巨大影响的教育家群体。

这套丛书突出传主的教育思想、办学理念、办学实践,尤其凸显传主的教育家精神;注重以史料为依据,对传主的教育贡献作客观评价,实事求是,还原历史,避免主观,不做有意拔高;全书插入大量珍贵历史图片,以图文并茂的方式呈现历史画卷,使得丛书具有了较高的学术价值、收藏价值以及观赏性和可读性。同时,丛书主编精心挑选各位传主研究方面的专家担任各分册作者,较好地保证了整套丛书的编写深度和质量。其中黄延复研究梅贻琦、宋恩荣研究晏阳初、梁吉生研究张伯苓、戴永增研究徐特立、金林祥研究黄炎培、储朝晖研究陶行知都有二十多年了。我与储朝晖第一次见面是在1988年,他拿着一封方明的信来找我,正是为了查阅北京师范大学图书馆特藏部的陶行知研究资料。北京大学图书馆研究馆员邹新明研究胡适、西南大学教授谢长法研究黄炎培、陈鹤琴外孙柯小卫研究陈鹤琴、青年传记文学作家窦忠如研究王国维,他们也都是长期从事相关研究的专家学者,堪称黄金组合。这套书将有助于读者更好地领会各位教育家的精神真谛。

希望这样一套难得的好书,能激励有志教育的人成为教育家,切实有效地推动中国的教育家办学进程。

过渡时代之思想与教育（节选）

蒋梦麟

　　中国近二十年来之变动，多类似西欧。论其时，不过二十年；论其地，则南自滇粤，北至满蒙，无不受其影响；论其思想，则哲学、科学、文学、美术、宗教、法学、政治，无不受根本上之动摇；全国思潮，受完全之变迁，势将脱离遗传习俗之羁绊。余敢曰：此二十年内，旧主义奄奄待毙，近世精神已蒸蒸日上，非数辈顽固学者所得而摧折矣。此精神惟何？曰：欧西所有之思想，或已澎湃而不可息，或已成雏形而晨夕滋长矣。

　　十八世纪，欧西称为"光明时代"者也。其最彰明较著者，为"法国之大光明"（即法国大革命时French Illumination）。其消极思想之趋势，固得而言之。其在政治也，曰推翻专制；其在文学也，昌言扫除人民之苦痛；其在宗教也，曰诛杀恶僧。苟无假善名行绝恶之徒杂其中，则法国革命党徒之行为，得代表法兰西之完美精神。此精神维何？曰：民赫斯怒，振臂一呼，推翻腐败之贵族，顽固之政府，龌龊之教堂，而造成光华灿烂之法兰西。

吾国于改革以前之十年中，"法国大光明"时代之思想，充塞青年之脑海。卢梭（Rousseau）之民约论传入中国，"自由""平等""天赋人权"等名词，成为口头禅。无论知与不知，莫不喜言之，以为如尽将旧时种种机关扫除，则中国便成极乐土。此所以武汉起义，全国响应，不数月而产出中华民国也。

教育思想，必与其所处时代之思想相共进行。当法国革命时代，"顺天然"主义为时代之思想。以之言政治，则持民约论。以之言学术，则重科学。以之言人生观，则重"自由"，重"天赋人权"。以之言教育，则重自然教育。卢梭曰："天生成的都好，人造的都不好。"故其教育主义，主张儿童自然之发达。中国当昌言"自由""平等""天赋人权"之时，学校之主持人，大都与此等精神居反对地位，故酿成罢学之风潮。后之政治革命，实于此已兆实行之端矣。

过渡时代，以消极思想为标识。一般思想之趋势，大都属于破坏的。人民厌旧喜新，对于旧时道德，多抱怀疑。希腊之诡辩学者（Sophists），十八世纪之思想家，可为消极学派之代表。吾国近年来之新思想家，亦多在此列也。

中国自有史以来，变迁之速，未有甚于今日者。以短促之时间，千奇万变之经验，相与并来。社会基础，因之动摇。时代不仁，横肆要求。大势所驱，无可为力。嗟夫！我国人，其将何术以使中国与世界之时势相调和乎？

欧化横来，思想错杂，学术衰微，民智昏蒙，尊孔复辟，欧化共和，吾民其知之否乎？此就政治言也。若就社会言，家族主义渐破，个人主义日益萌芽，习惯之道德渐衰，个人之道德尚无标准，怒潮汹涌，荡舟其中，回望故乡，已出视线，前望彼岸，杳无所见。中国之前途，其谁知之？其谁知之？

虽然，中国之前途固无人能言之，吾辈凿空悬想，推测将来，其谁能禁之？然后事之结果，或将与今日所悬揣者大相径庭。"础润而雨，月晕而风"，简单粗劣之比喻，不足为推测国家文明前途之具。现今科学世界，不容预言家置喙。预言家饱食终日，空谈将来。科学家则不然，终日勤劳，无时或息，广求精确之事实，以为研究之基础，以归纳之方法，使事实与真理相证明，为之虽不易，舍之实无他道。

中国旧时各社会机关，如家庭国家职业等，衰落破坏，为势之所必然者；若欲恢复旧日状况，势必不能。旧日已逝，不能复返，欲登正道，惟有积极前进而已。社会种种征象，由来已久，非一日所可扫除；吾辈惟积极进行，以能力所及者为之。证诸史乘，过渡时代之告终，必赖有积极思想。希腊过渡之代表，为诡辩学派，消极者也。苏格拉底，代表积极思想者也。苏氏学派出，希腊自过渡时代而达积极时代矣。欧西十八世纪，过渡时代也。如卢梭，如伏尔泰（Voltaire法国哲学家），代表消极思想者也。十九世纪之诸大学者，如康德（Kant德国大哲学家），如孔推（Comte法国哲学家），如达尔文（Darwin英国哲学家），斯宾塞（Spencer英国哲学家），代表积极思想者也。由是言之，中国如有积极思想之大学者，而后始得自过渡时代而达积极时代。旧者已去，而欲挽之，愚也。不从积极建设着想，而徒事消极破坏，不过为过渡时代之产出物，为过渡时代之代表而已。

吾人之泥古，几若第二天性。故与其弥补破烂之旧物，孰若消极而攻击之？然而消极攻击，不若积极建设之为愈。积极建设之道将奈何？厥有五种：

（一）定标准　标准不定，前后参差，民无所适从。有积极之标准，然后能将新思想传布国中；否则千言万语，人不知其用意之所在。昔孟子曰仁义，朱子曰穷理，陆子曰明心见性，阳明子曰良知，皆为便于传道而立之标准，提纲挈领，便学者之易于适从也。

（二）定中心问题　一时之内，虽万事纷纭，实则必有一中心点在。此中心问题为万流归源之所。孔子曰：为政以德，譬如北辰,居其所而众星拱之。是孔子以德为政之中心问题也。中心问题一定,则民得合群心而趋向之,犹众星之拱北辰也。

(三)新陈交换 凡破坏一旧思想,必求一新思想以代之。如我国旧有之家族道德既被摧折,必立个人道德以代之。

(四)适社会生活之需要 凡思想或道德之所以为社会所信仰者,必适应社会之需要。旧思想旧道德之所以失其势力者,以不合时势也。若新思想新道德于社会之需要无关,必不能生存也。

(五)方法 除旧启新之最要者为方法。良法美意,往往因方法不善而难于推行。孔子曰:工欲善其事,必先利其器。孟子曰:离娄之明,公输子之巧,不以规矩,不能成方圆。善哉言乎!

中国与世界交通后,必不能不应世界之潮流而图进化。故欲言内部思想之改革,当先察世界之大势。而欧美近世文化中荦荦大者,厥有二端:

(一)科学之精神 近世西洋学术,莫不具科学之精神。科学之精神云者,好求事实,使之证明真理是也。凡凿空臆度之学说而自以为真理者,与科学精神相反对者也。

(二)社会之自觉 西洋之文明,根乎希腊之个性主义。个性主义云者,发展个人固有之能力,不使为外界所压迫,养成一活泼强健灵敏之个人是也。西洋修身之基础在乎此。结合多数之个人而成社会,故社会之兴衰,个人之幸福系之。人人对于社会有自觉心,即社会之分子,自觉对于社会负责任是也。此即所谓社会之自觉心也。

如何得以养成上述两种之精神乎?厥有五端:

(一)科学发达,使人力得制天力。(二)进化(即天演)学说,使人知发展生长有天然律存。(三)历史精神,使人知文明之进化为接续的,徒事去旧不足以启新也。(四)审问事理,使人尽其心力而求真理,不为无思考的信仰所羁绊。(五)民权主

义之发达，使人知万事之本位为自然人，不以职位财力而定人
之价值。

　　中国如欲出此过渡时代，当于上列诸点加之意焉。中国之
教育，当与近世之精神相谋而并进。泥古之教育，为过渡时代
以前之教育，不可行矣。消极破坏之教育，而无积极之进行者，
为过渡时代之教育，可暂而不可久。若为今日之教育图长久计，
当取中国之国粹，调和世界近世之精神，定标准，立问题，通新
陈交换之理，察社会要需，采适当之方法以推行之。

本文一部分意思采自

Amstrong's Transitional Eras in Thought。

载《教育杂志》第10卷第2期（1918年2月）

蒋梦麟画传

目录 Contents

目录 Contents

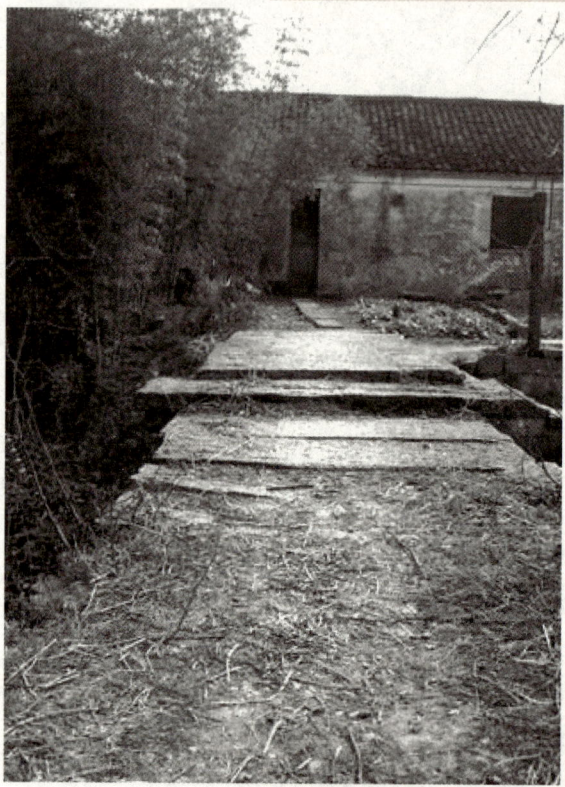

余姚蒋梦麟故居。

　　中国历史在晚清遭遇"三千年来未有之大变局"。鸦片战争中，英国的炮舰击垮了大清的自尊，曾经的天朝上国开始在风雨中飘摇。伴随着欧风美雨，西方的舶来品开始在中国的集市上买卖，西方的铁甲炮舰开始在中国的江河里横行，西方的科学思想也开始在中国传播，这一切都刺激着中国社会由传统向现代转型。蒋梦麟的早年求学就是在这"西潮"来临的过程中进行的。

幼年时代

　　自隋唐之后，江南地区就形成了浓厚的文化氛围，书香门第、私塾书院云集。而钱塘江畔的余姚更是圣贤辈出、文化灿烂，初唐大家虞世南、明代硕儒王阳明、明末学者黄宗羲等都发轫于此。蒋梦麟就出生在余姚的一个小村庄里。

　　蒋梦麟，字兆贤，号孟邻，1886年生于余姚蒋村。蒋村位于钱塘江边上，相对于汹涌的钱塘江潮，蒋村显得安宁、静谧。纵横的河道、泛青的石板路是蒋梦麟对蒋村最真切的记忆。童年的故

蒋梦麟故居在余姚的地理位置。图片来源于余姚蒋梦麟故居。

乡是最难忘的，在蒋梦麟的回忆里，蒋村有着太多的美好。河汉上的石桥，石桥边的杨柳，杨柳下嬉戏的鱼虾，在每个季节里都呈现出别样的趣味；除夕夜的鞭炮，宗祠里的祭礼，存在于每一岁的记忆里，拨动着他的心扉。蒋梦麟是蒋家最小的孩子，他上面有三个哥哥和一个姐姐。据说在蒋梦麟出生的前夜，他的父亲梦到一只熊到了家中，而在当时这被认为是男孩降生的预兆。第二天，这个梦果然应验了，蒋家又添了个儿子。蒋梦麟的大哥降生前，他的父亲梦到了兰花，所以被取名为梦兰；他的二哥也是以同样的原因被取名为梦桃；蒋梦麟降生后理所当然被取名为梦熊。后来，在考浙江省立高等学堂时，才更名为梦麟。

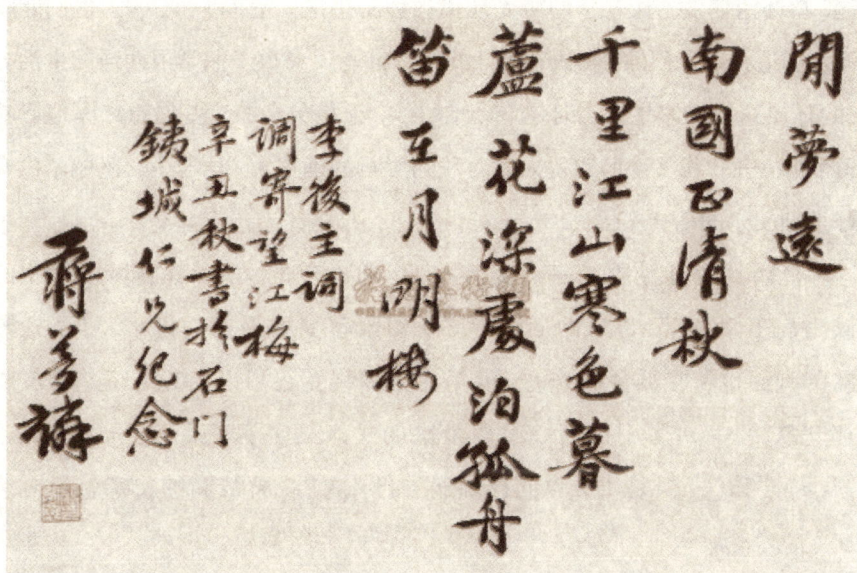

蒋梦麟手迹。图片来源于马勇著《蒋梦麟传》。

蒋氏从元朝末年开始就定居于蒋村，至蒋梦麟这一代已是第十七世了。[1] 蒋村人不谙世事，晚清时政跌宕起伏，但乡民们似乎只对太平军的故事感兴趣，充斥于茶余饭后。蒋梦麟的祖父蒋斌润大概就是太平天国时期在上海经营钱庄并积累了一些资产，但不幸因腿伤而丧命。蒋梦麟的父亲蒋怀清继承了一大笔遗产，使得蒋家在日后的生活中不用为了生计而奔波。蒋怀清深受儒家思想影响，为人忠厚，生活勤俭，并且乐于助人，热衷于慈善，受到当时周围人的尊敬，曾被推举为县议会议员、县商会总董。因投资上海的钱庄，蒋怀清经常要前往上海，因此较早接触到西方的物质和文化，思想也比较开明，尤其是对创造发明有着浓厚的兴趣。他曾经自己画设计图，建造了一艘轮船。船虽然完工了，但始终没法达到他所期望的速度要求，几经尝试，一些技术难题仍然无法解决。后来他听说了瓦特和蒸汽机的故事，自叹不如，最终放弃了。也正是从这时起，蒋怀清萌发了让儿子们接受现代教育的想法，希望将来有一天他们能学会洋人制造神奇东西的"秘诀"。而且，蒋怀清不反对孩子们学习西洋的生活方式和习俗，这样的思想在当时是十分难得的。正是父亲的这些思想深深地影响了蒋梦麟——"我父亲的道德人品对我的影响的确很大，我唯一的遗憾是没有好好学到父亲的榜样"。[2]

蒋梦麟的生母经氏是一位姿容美丽、有教养的女人，在蒋梦麟七岁的时候因病不幸离世。母亲的七弦古琴是留给蒋梦麟最美的记忆，母亲抚琴晓歌的画面也长驻蒋梦麟脑海。晚年的蒋梦麟竟还可以记起母亲最喜欢唱的那支歌——《古琴引》。后来，蒋梦麟的父亲又娶了宋氏，这位继母长于治家，待人和气，但是不久也同样因病去世。之后，蒋梦麟的父亲就没再续弦。

---

[1] 据《兰风蒋氏宗谱·蒋氏世系排行》记载，蒋梦麟为第十六世；据蒋梦麟1943年的《西潮》记载，蒋梦麟为第十七世。
[2] 蒋梦麟：《西潮·新潮》，华文出版社2013年版，第38页。

按《兰风蒋氏宗谱·蒋氏世系排行》载：蒋氏字辈共二十四字："温柔敦厚，疏通知远，广博易良，吉静精微，恭俭庄敬，属辞比事。"蒋怀清为第十五世，"精"字辈。蒋梦麟为第十六世，为"微"字辈。

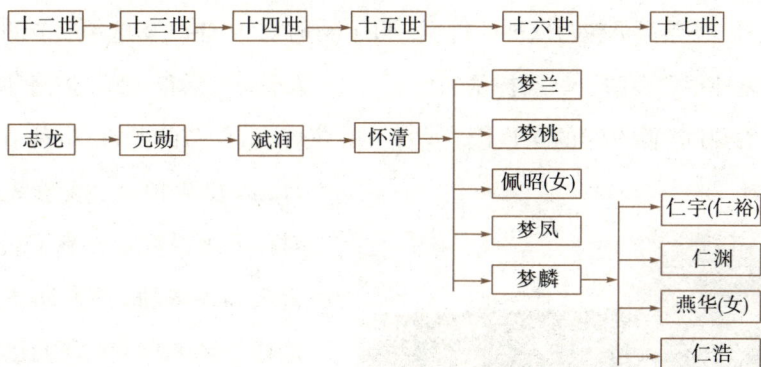

```
十二世 → 十三世 → 十四世 → 十五世 → 十六世 → 十七世

                                        ┌ 梦兰
                                        ├ 梦桃
                                        ├ 佩昭(女)
志龙 → 元勋 → 斌润 → 怀清 ──┤ 梦凤
                                        └ 梦麟 ──┬ 仁宇(仁裕)
                                                  ├ 仁渊
                                                  ├ 燕华(女)
                                                  └ 仁浩
```

蒋梦麟家世图。[1]

蒋梦麟父亲绘制的蒋村图。[2]

———————————

[1] 来源于余姚蒋梦麟故居。
[2] 来源于余姚蒋梦麟故居。

蒋梦麟所在的村庄在长期的发展过程中，形成了一套约定俗成的自治传统。族长是全村辈分最高的人，村里的事情都由他们来处理，包括监督敬先祭祖的礼仪以及评断族中的争执。此外，村中人大多都老实、朴素、本分，除了崇拜祖先外，还崇尚灵魂与鬼神的传说。村中的祠堂、寺庙以及逢年过节的活动都因与鬼神相关而蒙上一层神秘的色彩。村中人平时生活很平淡，但过年过节却是非常热闹。除夕时的年夜饭、元宵节的花灯、端午节的龙舟、中秋节的满月，以及赛神会、戏班表演，对孩子来说都是充满了欢乐、喜庆和兴味的。蒋梦麟正是在这样的环境中度过了自己的童年。

　　"童年时代和青春时代的可塑性最大，因而家庭影响往往有决定性的作用。这时期中所养成的习惯，不论好坏，将来都很难根除。"[1]蒋梦麟认为大致来说，他的童年生活是幸福、快乐的，他所受到的家庭影响是"良好而且健全的"，[2]这为他以后个性的塑造、良好习惯的养成奠定了基础。

余姚蒋梦麟故居。

---

［1］蒋梦麟：《西潮·新潮》，华文出版社2013年版，第38页。
［2］蒋梦麟：《西潮·新潮》，华文出版社2013年版，第38页。

童年教育

　　蒋梦麟六岁的时候进了家塾。家塾不同于现在的学校，里面没有黑板，没有时钟，也不分班级。从清晨到日暮，先生总是端坐在家塾内，学生自然也不敢乱蹦乱跳。对于六岁的孩子而言，这种生活是沉闷而无趣的。蒋梦麟入学后最先开始念的是《三字经》，虽然他能把《三字经》背得滚瓜烂熟，直至晚年还能背出大半，但他当时并不明白那些三个字一串的内容是什么意思。每天吃饭读书，孩子们跟着先生一遍又一遍地摇头晃脑地诵读着不知所云的书，午饭之后就要静下来习字，直到日落西山。家塾的课程中没有体育项目，学生们必须保持"体统"，慢慢行走，不许奔跑竞技，这让蒋梦麟觉得毫无生气。这种死板的教学方法令蒋梦麟恨透了家塾生活，他觉得"家塾不好，先生不好，书本不好"，[1]甚至说要放火烧了家塾，杀了先生。

　　虽然家塾生活对于蒋梦麟而言沉闷得像个监狱，但是并没有浇灭他对未来的无限憧憬，自古以来，学者名流、达官贵人不正是熬过了寒窗苦读才功成名就的吗？正是抱着这样的朦胧信念，才支撑他熬过了那段无趣的求学时光。随着年龄的增长、识字量的增加，先生开始把课文的意思解释给学生听，这时念书才不像以前那么吃力乏味了。念书的时候，先生要求学生做到"三到"，即眼到、口到、心到，警告学生不可巧取强记，因为勉强记住的东西易忘，"三到"才可以减轻记忆力的负担。背书背不好就要吃先生的"栗子"（弯曲中指在别人头上敲击），算是惩罚，这在蒋梦麟看来，是对学生记

---

[1] 蒋梦麟：《西潮·新潮》，华文出版社2013年版，第31页。

家塾。

忆力和耐力的训练。

　　相对于教室里的沉闷乏味,蒋梦麟的课外生活丰富、有趣得多,他喜欢在大自然中玩耍和观察,喜欢在游戏中触摸和理解大自然。春风和煦的日子里,蒋梦麟放学后会和小伙伴一起去放风筝,风筝都是他们自己做出来的,样式各异,大小不一,晚上就更有意思了,和小伙伴们一起将灯笼随着风筝送上夜空,通常是七八个灯笼一起飞上天空,他喜欢看风筝在天空盘旋的样子,觉得它们是在找伴儿呢。星星满天的夏夜里,蒋梦麟就和小伙伴一起四处捉萤火虫来玩。在玩耍中,蒋梦麟得到了许多启发,有一次,他注意到长在皂荚树上的甲虫头上长着鹿一样的角,这些角和皂荚树的刺简直一模一样,别人告诉他,这些虫是从树上长出来的,所以角和刺是一样的,但他不相信,心想,如果皂荚树能长出甲虫的话,那甲虫卵也就可以长成皂荚树了,但这明显是不可能的,直到后来看到有鸟在皂荚树上捉虫,但是长得像刺一样的甲虫却幸免于难,他才恍然大悟:甲虫的角是为了保护自己不被鸟吃掉才长成刺的样子的。蒋梦麟对自然的好奇以及天性上的好动都被先生看作是"个性上的祸根",觉得他难成大器,然而恰恰是童年这种对自然懵懂的探索激发了他的求知欲,培养了他善于观察、善于探索的能力,为他以后的学术生涯奠定了基础。正如蒋梦麟自己所评价的:儿童时期对自然的研究虽然粗浅,但"这种粗浅研究的根基却可以移接现代科学的幼苗。如果我生长在草木稀少的大城市里,那我势将失去非常重要的自然训练的机会,我的一生也可能完全改观。每一个小孩子所具备的感受力、观察力、好奇心和理解力等等天赋,都可能被我童年所受的全凭记忆的传统训练所窒息"。[1]

童年的蒋梦麟还喜欢听故事,在故事中了解村里的掌故,知道了许多历史人物和历史知识。诸如清兵入关、天下大乱的时候,蒋村还是一片安逸,直到圣旨到了村里命令男人们留辫子,大家才知道改朝换代了。剃头匠奉旨到村里强制剃头编辫,如果有人抗旨就有可能被杀头,村里的男人们只好乖乖地伸出脑袋任由剃头匠剃头了,第一次留辫子的时候,每个人都觉得自己很滑稽,时间久了大家也就习惯了。这样的历史故事在家塾里是学不到的,蒋梦麟也爱听这样的故事,觉得十分有趣。此外,蒋梦麟还听到了关于人类学的传说,比如我们的祖先是像猴子一样长着尾巴的,介于人和猿猴之间,经过几百万年的进化,尾巴才慢慢掉了。还有许多关于江湖技艺的传说,蒋梦麟和小伙伴们都听得津津有味。这些故事也就成了蒋梦麟课外知识的主要来源之一,给了他无限遐想的空间,甚至为他"在欣赏现代文学方面奠立了基础"。[2]

家塾时期的学习和生活还是给蒋梦麟留下了深刻的记忆,他慢慢了解了做人处世的准则——要从修身立本开始,然后才是齐家治国平天下,也懂得了"别人怀宝剑,我有笔如刀""万般皆下品,唯有读书高"这些简单又励志的道

---

[1] 蒋梦麟:《西潮·新潮》,华文出版社2013年版,第37页。
[2] 蒋梦麟:《西潮·新潮》,华文出版社2013年版,第37页。

理——立志通过求学考取功名成为童年蒋梦麟的梦想。蒋梦麟曾说："教育如果不能启发一个人的理想、希望和意志，单单强调学生的兴趣，那是舍本逐末的办法。只有以启发理想为主，培养兴趣为辅时，兴趣才能成为教育上的一个重要因素。"[1] 从这个角度来看，蒋梦麟的童年教育是成功的，至少确立了他继续求学的志向。

入绍兴中西学堂

早在家塾读书时，蒋梦麟的父亲就问他，将来是愿意做生意还是想做官。对于普通老百姓而言，如果各方面条件允许的话，自然做官的诱惑力更大。余姚临近上海，很多人到上海讨生活，其中从商的并不少见，他们经常从上海带回一些新奇的玩意儿，比如小洋刀、哨子、皮球、洋娃娃、气枪、手表之类的洋货，这些东西虽然能引来一些羡慕的目光，但是在老百姓眼中的地位远不如做官的——有了功名，家庙就能悬挂一面金碧辉煌的匾额；中了举人，家庙前面还有高高的旗杆；做了县太爷更是威风凛凛，不仅手握大权，出门办案还能乘坐四人抬的大轿，前面有一对铜锣开道，所经之处，老百姓都得肃静回避；再一级一级往上爬，当了大官还可以在北京皇宫里饮御赐香茗。这在年幼的蒋梦麟看来，也是无比荣耀的事："自己一天比一天神气，功名步步高升，中了秀才再中了举人，中了举人再中进士，终于有一天当了很大很大的官，比那位县知事要大得好多好多，身穿蟒袍，腰悬玉带，红缨帽上缀着大红顶子，胸前挂着长

---

[1]蒋梦麟：《西潮·新潮》，华文出版社2013年版，第32~33页。

长的朝珠，显显赫赫地回到故乡，使村子里的人看得目瞪口呆。"[1]因此，虽然童年的受教育经历让蒋梦麟觉得枯燥乏味，但他仍决定继续求学以完成科举及第、金榜题名的梦想，加之他的两位哥哥都决定走仕途，时入绍兴中西学堂求学，蒋梦麟选择和他两位哥哥同样的路也就显得顺理成章了。

余姚当时隶属于绍兴府，距离绍兴大约20公里。绍兴是一座风景秀丽且拥有浓厚文化底蕴的水乡古镇，曾是古代越国的都城，勾践卧薪尝胆、雪耻复国的故事家喻户晓；也有南宋皇帝的陵寝；还是"出产"遍布全国大小衙门的"绍兴师爷"的地方；历史上著名的学者、哲学家、诗人、书法家更是数不胜数。19世纪末年的绍兴虽然还是一个守着古朴之风的宁静小镇，但随着西学东渐，新学已在这里悄然兴起。绍兴中西学堂是由徐树兰先生捐资兴办的一所新式学校，于1897年3月3日正式开学，依程度分为三斋，相当于后来的高小、初中、高中

绍兴中西学堂旧址。图片来源于余姚蒋梦麟故居。

[1] 蒋梦麟：《西潮·新潮》，华文出版社2013年版，第47页。

的一年级,开设有国学、外国文、算学等课程。蒋梦麟当时人的是第一斋,相当于高小,在此他最早接触了西洋学科。

蒋梦麟在进绍兴中西学堂之前,对于西方的认识大体只限于进口的洋货,进了学堂之后,接触了最初的科学教育,原有的一些观念发生了很大变化。比如,蒋梦麟一直都认为地球是平的,通过学堂的学习知道地球是圆的;小时候听大人讲,闪电是电神的镜子里所发出来的闪光,学堂的先生告诉他,闪电是阴电和阳电撞击的结果;通过基本物理学的学习,他还知道了雷、雨、火等知识,原先的雷神、龙王、火神等形象就像雪人在科学光明的照耀下,一个个轰然倒塌,怪力乱神的信仰也在蒋梦麟的思想中逐渐被剔除。

蒋梦麟入学的第二年秋天,蔡元培因愤于慈禧太后对维新派人士的镇压,辞去翰林院编修的官职,由北京回到故乡绍兴,开始从事教育。光绪二十五年九十月间,蔡元培任总理接办绍兴中西学堂,成为蒋梦麟的老师。在蒋梦麟当时的印象里,蔡元培是一位"文质彬彬,身材短小,儒雅风流,韶华三十余的才子"。"记得我第一次受先生的课,是反切学。帮、○、旁、茫,当、汤、堂、囊之类,先生说:你们读书先要识字。这是查字典应该知道的反切。"[1]蔡元培因为中日甲午战争的失败,一直深受刺激,他主张向日本学习,接办绍兴中西学堂后又增设了日文课程,请日本人中川任教。在外国文课程中,原先有英文和法文,学生可任选一门修习,蒋梦麟选修的英文。但当时英文老师比较缺乏,任教英文的老师发音错误也很多,甚至连字母都读不标准,比如会"把字母Z念成'乌才'"。为此,在后来学习英语的过程中,蒋梦麟还不得不花费大量时间和精力来修正这些读音。学校增设日文课程后,蒋梦麟又选修了日文,他认为学校开设日文课是很有必要的,因为甲午战争中日本战胜中国是吸收了西方学术

---

[1] 蒋梦麟:《西潮·新潮》,华文出版社2013年版,第319页。

的结果，中国需要向日本学习。由于学堂的课程主要以文科为主，而蒋梦麟又不喜欢读读背背，因此，他的学习成绩经常居中等以下。

绍兴中西学堂不仅是蒋梦麟接受新学的开端——学习了外国语，了解了最基本的地理、历史、物理常识，在这里，他还与日后与其事业联系紧密的蔡元培结下了师生情缘。

蔡元培。

颠沛游学

正当蒋梦麟慢慢习惯中西学堂的学习生活时，他的学业却因一场洪水遭遇波折。江南的水乡平静时如一幅水墨画，洪涝季节却也波涛汹涌，经常引发灾难。一个秋天的下午，当蒋梦麟完成了课业，嬉戏于田野的时候，突然听闻河道决堤了。面临即将到来的灾难，人们都陷入了恐慌之中，蒋梦麟拼命跑回家，一路上把这一消息不停告诉碰到的人。洪水奔涌而至，在村庄里徘徊了一周才慢慢退去。虽然人们事先准备了船只、浴盆等，可以使家人暂时存活下来，但洪水却毁坏了村民家中的口粮以及村庄外的稻田，使村民的生活难以为继。

洪水引发的粮食危机，给平静的乡村带来了不稳定因素。蒋梦麟家生活富裕，不缺粮食，本是不幸中之万幸。但是蒋家的粮仓却被饥饿的村民们惦记上了。在洪水退去以后，人们开始叩响蒋家的大门，最初还是很有"礼貌"的，并没有大张旗鼓地抢，而是"借"，虽然也没有可以商量的余地。到后来，这种

位于上海外滩黄埔江畔的外国领事馆。

"借粮"就变成了抢劫、杀人。随着饥荒的加剧,气氛变得越来越紧张,邻村孙庄的一个大户,在一个凛冽的冬夜,不仅被抢走了家中所有财物,而且主人也被沉河。这种悲剧的接连发生,使蒋家夜不能寐,为了守卫家人,为了保住粮食,蒋梦麟的父亲从上海购得手枪和长枪,蒋家大大小小都开始练习放枪,火枪的威慑力使乡民们不敢轻易上门。但这样终究不是长久之计,最后,蒋梦麟的父亲决定离开家乡,举家迁往上海。

　　1899年的上海并没有太多的灯红酒绿,而仅仅是一个有着洋泾浜口音的小城。蒋梦麟到上海后,进入一间天主教学校学习英文,但由于对学校里法国教师口音不满,很快就离开了这所学校。父亲为满足他学习英文的愿望,就将他二哥安排到一个美国家庭中去学习英文,再回家转授给蒋梦麟。虽然蒋梦麟对这种方法很不满意,但父亲却因为这个方法省钱而高兴。当上海的生活慢慢开始正常的时候,义和团运动爆发了。义和团运动喊着"扶清灭洋"的口号,是明确反对帝国主义、反对洋人的,上海这个洋人聚集区自然被认为是首当其冲的危险地。蒋家为了躲避灾祸，又匆忙举家搬离上海，回到了余姚蒋村，这一年蒋梦麟15岁。短暂的上海生活使蒋梦麟看到了不一样的世界，感受到了西方的文明。他后来曾回忆起当年对上海的印象：

　　居留的外国人也只不过三四千人，但是这些洋人却都趾高气扬，自视甚高。市政倒办得不错，街道宽大清洁，有电灯，也有煤气灯。我觉得洋人真了不起，他们居然懂得电的秘密。他们发明了蒸汽机，又能建造轮船。他们在我的心目中已经成为新的神，原先心目中的神佛在我接受科学新知之后已经烟消云散了。但是有时候他们又像魔鬼，因为他们不可一世的神气以及巡捕手中的木棒使我害怕，外滩公园门口挂着一个牌子，写着："犬与华人不得入内"。犬居华人之上，这就很够人受的了。在我的心目中，外国人是半神半鬼的怪物……[1]

蒋梦麟故居。

---

［1］蒋梦麟：《西潮·新潮》，华文出版社2013年版，第50～51页。

蒋梦麟余姚城区居住地旧照。图片来源于余姚蒋梦麟故居。

　　而此时的蒋村已不再是蒋梦麟记忆中的美好故乡了，土匪暴民之势愈演愈烈，蒋家准备再次搬迁。蒋梦麟的父亲之前曾计划搬入余姚城中，此时，在余姚北城武胜门路东侧建造的新居已经落成，于是举家迁入。蒋梦麟进入余姚城中达善学堂学习英文和算术，此外，其父又请了一位家庭教师在家中给他补习国文。这样的日子又持续了一年多，直至其前往杭州求学。

省城求学

　　据蒋梦麟回忆，大概十六岁时，也就是1902年左右他来到杭州求学。杭州是浙江的省会，是吴越和南宋的故都，名胜古迹众多，风景如画，潮起钱江，西湖如镜，古寺山色，素有"上有天堂，下有苏杭"的美誉。杭州历来人才辈出，一汪西湖水引得多少文人骚客沉醉其间，湖滨的文澜阁收藏有《四库全书》及其他要籍，更是当时莘莘学子向往的求学胜地。

在文化气息浓厚的杭州，蒋梦麟误打误撞进了一所非常落伍的教会学校。学校的校长是个美国传教士，木匠出身。这位校长为传教而来，主持教会学校也是出于对宗教的热忱，《圣经》是他教授的唯一课程。中国的学生们在"士农工商"等级区分的传统影响下，对木匠出身的校长多少抱有轻视的态度。加之除《圣经》之外，校长并没有显出有什么让学生钦慕的学问，因此学生们对校长并不膺服。蒋梦麟起先认为在这所洋人办的学校里至少可以学好英文，但事实却让他感到非常失望。学校里的英文老师俗不可耐，蒋梦麟觉得难以忍受，甚至厌恶到不想看到英文老师那张嘴，认为他可以进"拔舌地狱"。

教会学校的学生每天早晨必须做礼拜，还要唱中文赞美诗。蒋梦麟虽然按时参加每天的礼拜，但心灵就像"禁闭双扉的河蚌"，默默地拒绝一切精神上的舶来品。在宗教方面，蒋梦麟一直是个"不可知论"者，不信神仙鬼怪之说，也不接受其他宗教信仰，认为"与其求死后灵魂的永恒，不如在今世奠立不朽的根基"[1]。这也正符合传统儒家的基本观念。

教会学校的设备十分简陋，学生的住宿条件也很差。学生们有时在低矮的像鸽笼一样的土坯房宿舍上课，有时在破破烂烂的食堂上课。学校里唯一像样的建筑就是礼拜堂和校长宿舍。学生们有时会出于好奇，到校长宿舍附近散步，可校长不愿受学生打扰，常常把学生撵出去。有一次，还因此引发了学潮。事情的起因，是一个性格倔强的学生无论如何都不肯离开校长宿舍附近，因此与路过的一位教员发生了冲突，引来众人围观。那个学生说先生打他的耳光，并在人群里放声大哭，引起了围观者的同情。这件事情瞬间闹得全校皆知，学生对此非常愤懑。经学生会决议，大家要求校长立即开除打人的教员，但是校

[1] 蒋梦麟：《西潮·新潮》，华文出版社2013年版，第54页。

长断然拒绝，并表示如果学生不喜欢学校可以卷铺盖走人。这无疑进一步刺激了学生的不满情绪，在不到两小时内，满怀激愤的学生打好行装，集体退学，走出了学校。

看似一件小事，之所以会引发学潮，与当时的时代背景有关。清朝末年，自从开办新式学堂以来，学生们通过学习西文西艺，阅读国内外书刊，逐步接触了西方民主自由思想，开始萌发反对专制、反对压迫，要求民主、自由的思想。1902年11月，南洋公学曾发生了被称为中国学运史上"一声霹雳"的"墨水瓶事件"——上课时，文科教习郭镇瀛发现教师座位上摆着一只洗净后装满清水的墨水瓶，认定是学生有意捉弄嘲讽他胸无点墨，随即勃然大怒，责骂学生不敬师长，并疾言厉色地追究肇事者。追查未果，学校下令开除三名无辜学生并给同班其他同学记大过一次，全班同学向校方提出抗议，学校不仅不重视学生意见，还宣布开除全班学生。此举激怒了全校学生，遂全校学生决议集体退学，以示抗议。"墨水瓶事件"以后，学潮逐步蔓延至全国各地，青年学生血气方刚，经过几年的新学启蒙，已经让他们从懵懂少年变成了自由民主的倡行者，他们用"学潮"来反对学校当局的专制、顽固与守旧。

蒋梦麟就读的教会学校也就此解散，对于早就厌倦了的每日的赞美诗，学校的散伙可谓正合了蒋梦麟的心意。离开教会学校后，学生会自行筹办了一个学校，叫做"改进学社"，给学校起名字的正是当时著名的国学大师章炳麟先生。取名"改进"，含有改良和进步的意义，这正好符合这群年轻学子们对新学校的憧憬，他们还期待着能把学校办得和牛津、剑桥等名校一样显赫。然而，不到半年这种幻想就破灭了，学生们只得四处寻找新的出处，各自散去。

1903年，蒋梦麟进入浙江高等学堂求学。浙江高等学堂的前身是著名的求是书院，创建于1897年，是中国近代史上较早效法西方学制创办的几所新式高等学校之一，"求是"是其办学的主要精神，课程中也包含一些外语和科学科目。1901年改称浙江求是大学堂，次年改称浙江大学堂，1903年又改称浙江高

求是书院旧址，现为杭州市文物保护单位。

等学堂，是浙江省的最高学府，也是全省文化运动的中心。学堂当时刚好经历学生罢课学潮，正在重新改组。而蒋梦麟也因为之前的学潮入了闹事学生的黑名单，不能参加入学考试，于是改"梦熊"为"梦麟"，并被顺利录取。浙江高等学堂与绍兴中西学堂相比，所学科目更多，所学内容更深，先生教学也更注重方法，甚少要求死记硬背。在蒋梦麟的印象中，浙江高等学堂已经粗具现代学校的特征和规模了。

进入浙江高等学堂之后，蒋梦麟的眼界豁然开朗起来。比起在绍兴中西学堂求学时，在中西文化之间的苦苦摸索，浙江高等学堂给了蒋梦麟更广阔的天地。在书本学习以及与师友的探讨中，蒋梦麟的历史知识日见增长，通过学习，他不仅了解了中国近四千年历史的朝代兴衰更替、名人典故，还发现了许多中国近代史上值得研究的问题，如中日战争中台湾的割让、维新运动、义和团运动、传教士来华传教的历史等等。在这里，还激起了蒋梦麟对西洋历史的浓厚兴趣，他开始阅读英文原版的世界史，慢慢了解了西方文化的发展历程，这为他以后从事西洋历史的比较研究奠定了一定的基础。

1903年前后，各种进步报刊如雨后春笋般涌现，它们大都以爱国救亡为主题，抨击清政府的腐败无能，揭露帝国主义列强的侵略行径，宣传开民智、兴民权，呼吁发展教育、振兴实业，宣传科学，主张实行地方自治等。《新民丛报》即是当时影响非常广泛的一份刊物——创刊于1902年，是梁启超在东京出版的一份综合性刊物，内容十分丰富，小说、历史、地理、政治、教育等无所不包，而且刊物上的重要文章大多出自梁启超之手，其文笔深入浅出，文风生动、通俗，很受青年学子欢迎。蒋梦麟正是千千万万受其影响的学生之一，他认为："这位伟大的学者，在介绍现代知识给年轻一代的工作上，其贡献较同时代的任何人为大，他的《新民丛报》是当时每一位渴求新知识的青年的智慧源泉。"[1] 除了《新民丛报》，学生中间还传阅着《浙江潮》等更为激进的刊物。由于清政府禁止发行鼓吹革命的刊物，许多进步刊物只能从日本流入上海租界，同情革命者或谋求利益者再把这些刊物走私到其他城市。这些刊物有的描写清政府的腐败，有的斥责满人对待汉人的不公平，有的大肆鼓吹革命，凡此种种。当时，浙江高等学堂内就到处流传着这样的杂志、书籍和小册子，学生们如饥似渴地阅读，从中汲取进步思想。

　　校门内外，学生们亲见清廷的各种腐败。杭州城内有一个城中城，里面住着监视汉人的"旗兵"及其子孙们，这些旗人子弟领着政府的俸饷，却整日无所事事，对战事一无所知，只每天拎着鸟笼四处游荡，老百姓不小心得罪他们，就会有挨揍的危险。在浙江高等学堂内也有一些旗人子弟，他们对于革命的声势都持着装聋作哑的态度，在蒋梦麟看来，他们堕落、腐化、骄傲，过的完全是一种寄生虫的生活。这些旗人引起青年学生极大的反感和憎恶，更加激发了广大学生的革命志向。

---

[1] 蒋梦麟：《西潮·新潮》，华文出版社2013年版，第58页。

蒋梦麟虽然深受学校革命氛围的影响，但还是保持着理智与冷静，他认为革命宣传虽盛，但革命的到来似乎还遥遥无期。而科举考试在当时依旧是参加政府工作的唯一途径，为求万全，蒋梦麟决定参加科举考试，以步入仕途。

郡试及第

郡试的时间很快就到了，地点在绍兴。1903年初秋的一天早晨，蒋梦麟从杭州出发去绍兴赶考，他渡过钱塘江，穿越桑林和市集，再坐上船，辗转一天一夜，于第二天清晨抵达绍兴，寄宿在一个制扇工匠的家里。

郡试那天，凌晨四点钟左右，几千名考生就已经聚在试院的门口。考生们头戴没有顶子的红缨帽，手里拎着一个灯笼和一只考篮，紧张地等候监考官点名。监考官是绍兴知府，穿着朝服戴着红缨帽端坐在考试大厅的长桌子后面。那时候郡试需要有一定身份的人作保，考官需要同时核实考生与保人，确认无误之后用朱笔在考生的名字上加上红点，这样就是点过名了。点过名的考生一一进入考棚候考，通过编号找到自己的座位。

科举考试中防止舞弊的制度还是十分严格的，考生进入考场之前都要经过严格的搜查，衣服帽子里里外外都要仔细翻看，以防夹带抄袭。试卷上交时，考生的信息是密封的，只有等到录取确定之后才能拆开，以防徇私。

考试的题目是黑色的字写在一个方形的白罩子灯笼上面，灯笼里面点着蜡烛，字迹很清楚。有人专门负责提着灯笼在考生的座位之间来回走动，这样就能让所有的考生都看到题目以便作答。考试的题目出自四书五经，考生们要想取得好成绩必须把四书五经背得滚瓜烂熟。因为蒋梦麟早年在家塾和绍兴中西学堂期间对此已经下了一番苦功,因此考起来并不觉得难。临近中午时,办事人员开始核对考生的进度,给每一份试卷的最末一行盖上印子。考试交卷分为三次进行,第一次是在下午四点左右,场外炮声一响,鼓乐跟着奏响,交卷的考生伴着吹奏的乐曲走出考场,接着大门会重新关上以防其他考生受到干扰;第二次交卷时间大概在一个小时后,与第一次的形式相同;而最后一次交卷则是在傍晚六点钟左右,与前两次不同的是最后一场不再鸣炮奏乐。

郡试过后要等十天左右才会放榜,在等待放榜的这段时间,考生们可以放松心情,四处游玩。蒋梦麟喜欢去附近的书铺看书,经常在书店里遇到当时闻名全省的举人徐锡麟,因为徐曾在绍兴中西学堂教算学,所以蒋梦麟认得他;偶尔会去街上的酒楼饭馆喝点小酒,花三四毛钱点上几份小菜,就能吃得心满意足;城里还有流动的戏班子,有时也会去听听戏。

放榜的时间到了,在试院大门口有堵高墙,一大群人就挤在高墙前面守候。放榜的仪式非常隆重,鸣炮奏乐。榜上用黑墨大字写着的是录取考生的号码,因为排名不分先后,所以一串串考生号码围成圆圈。考生们心情紧张地围在考试院的围墙外寻找自己的号码。蒋梦麟发现自己的号码赫然在列,喜出望外,可是想到还有接下来的复试,也不敢掉以轻心,继续好好准备。复试在放榜几天之后举行,要在初试录取的人员中再淘汰一部分,所幸蒋梦麟又顺利通过。

与前两场考试相比,第三场考试虽由学政亲自监考,但要求并不严格,只不过是虚应故事而已,除了要求考生写一篇文章外,名义上还要求默写一段《圣谕广训》,但是允许考生带一本册子入场,只要老实地照抄一遍即可。这场考过之后,郡试也就真正结束了,各位考生只需回去等待结果。

几天之后的一个清晨,就有试差敲锣打鼓地带着捷报到蒋梦麟寄住的地方来报喜——蒋梦麟顺利地考取了余姚县学附生。所谓"县学"只是一所空无

贡院放榜图。

所有的孔庙，由一位教谕主持，并不设帐讲学，交五十元的贽敬，可能连老师的面都没见着，就算入学了。

　　蒋梦麟收拾东西准备回杭州时，听闻同住店里的一个考生对于他能考取附生表示愤愤不平，那个考生认为蒋梦麟是个目不识丁的家伙，而自己才是真正的人才。听到这些话，蒋梦麟只是默默地笑了笑，心想考试本来就有运气的成分，何必计较。后来有一次，同样是秀才出身的陈独秀开玩笑地问蒋梦麟："唉! 你这个秀才是什么秀才？"蒋梦麟答道："我这个秀才是策论秀才。"陈独秀笑答："那你这个秀才不值钱，我是考八股时进的八股秀才。"蒋梦麟故意作揖，说："失敬，失敬。你是先辈老先生，的确你这个八股秀才比我这个策论秀才值钱。"[1]

---

　　[1] 蒋梦麟：《西潮·新潮》，华文出版社2013年版，第352页。

童生（儒童）→ 县府院试（县府级考试）→ 秀才（生员——廪、增、附生）→ 乡试（省级考试）→ 举人（第一名解元）→ 会试（中央礼部考试）→ 贡生（第一名会元）→ 殿试（皇帝主持考试）→ 进士（第一名状元）

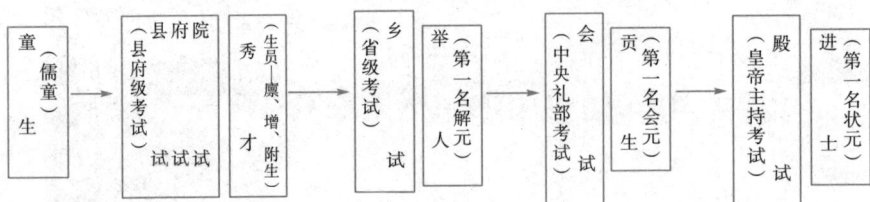

明清时期科举考试程序图。[1]

参加完郡试，蒋梦麟回到浙江高等学堂，继续接受新式教育。学校生活是繁忙且充实的，蒋梦麟一边忙于各门功课的学习，一边如饥似渴地阅读革命书刊、与同学交流时政问题。从参加科举考试回到激荡着革命思想的新式学堂生活，蒋梦麟感觉恍若隔世。

学校放寒假期间，十九岁的蒋梦麟回到乡间接受亲朋好友的祝贺，好几百亲朋好友一连吃了两天的喜酒。蒋梦麟的父亲自然是最高兴的，他希望自己的儿子有朝一日走上仕途、步步高升，最好能做到宰相。然而，对于年轻的蒋梦麟来说，新与旧的冲突时常让他感到迷茫 —— 是选择科举仕途的老路，还是追求革命的道路——他难以抉择。

在家乡待了三个礼拜之后，蒋梦麟又回到学校专心读书，临近暑假，他的思想斗争越来越激烈，新与旧、立宪与革命的冲突一度使他寝食难安。随着革命运动在全国的迅速发展，孙中山的影响也越来越广，清王朝已摇摇欲坠、危在旦夕，这让蒋梦麟意识到：不论立宪维新还是革命，西化潮流已经势不可挡。于是，蒋梦麟决定寻找一个更理想、更西化的学校，一天早晨，他谎称自己的母亲生病，向学监请假回家，征得学监同意后，他就回宿舍收拾行李，离开了浙江高等学堂，当日即乘小火轮沿运河到了上海，前往南洋公学参加入学考试。

---

[1] 郭齐家：《中国古代考试制度》，商务印书馆1997年版，第169页。

求学南洋公学

　　南洋公学1896年创建于上海，由清政府创立、盛宣怀督办，与北洋大学堂同为中国近代历史上中国人自己最早创办的大学。因学堂地处南洋（当时称江苏、浙江、福建、广东等沿海各省为"南洋"，称江苏以北沿海各省为"北洋"），故定名为南洋公学，是现今上海交通大学的前身。南洋公学是中国最早兼有师范、小学、中学、大学完整教育体制的学校，学校里常年绿茵的足球场、带有钟楼的高大建筑等都呈现出西洋的设计风格。南洋公学的预科是按照美国的中学学制办理的，很多课程直接用英文教材，有些学科直接由外国人教授。这种办学方式不仅有利于学生学习英文，也便于他们直接向西方学习科学

20世纪初的南洋公学。

文化知识，尤其对于想留学美国的学子来说，南洋公学"是升入美国大学的最好阶梯"[1]。

清朝末年，许多西方的思想及科学文化知识，都是经由日本传入中国的。当时，国人相信经过日本同化修正的西方制度和组织能更好地适应中国的国情，清政府也开始仿效日本，进行了一些改革，这使得留学日本成为热潮。蒋梦麟是主张学习西方的，但他认为应该直接向西方学习。为此，许多留学日本的朋友写信来跟他辩驳，但他始终坚持自己的想法。蒋梦麟到南洋公学求学就是"想给自己打点基础，以便到美国留学"[2]，直接向西方学习科学文化知识。

1904年，蒋梦麟顺利考入南洋公学，在这里开始了新的学业，从此打开了与以往迥异的知识视野。当时，包括德智体三要素的斯宾塞尔教育原则已经被介绍到中国，并产生了一些影响。蒋梦麟在南洋公学求学期间，也主要从德智体三个方面对自己作严格要求。

南洋公学鼓励学生进行体育运动，学生们对体育运动也都很感兴趣。蒋梦麟向来体弱，进入南洋公学后发现强健的体魄是高深学问的基础，于是每天都进行轻度的运动。他每天早上起床就锻炼半个小时的哑铃，晚上睡觉前再练习一刻钟，这种方法坚持了三年，身体逐渐健壮。身体好，心情也自然愉悦。

德育是中国传统教育的核心。关于德育的学习，蒋梦麟认为可以从四书中汲取营养，所以继续研读传统经典。同时他认为，中外名人在德行上必有其过人之处，于是开始研读宋明时期的哲学家以及历代中外名人的传记。在学习过程中，他惊喜地发现，虽然中西方有不同的历史文化传统，有不同的道德要求，但是中西方贤哲对很多问题的看法却是惊人的一致。当发现中西方文化对于一个问题的看法相似或相同的时候，他毫不犹豫地按伟人先哲的标准去做；当

---

[1] 蒋梦麟：《西潮·新潮》，华文出版社2013年版，第67页。
[2] 蒋梦麟：《西潮·新潮》，华文出版社2013年版，第67页。

发现有不同见解时，他便认真进行研究，设法找出其中的原因，并进行甄别。他在学习、践行中西方道德时，无意间对中西方的道德行为标准进行了比较研究。通过这样的学习，蒋梦麟逐渐学会如何在道德观念中区别重要的与不重要的，以及基本的与浮面的东西。[1] 从此以后，蒋梦麟对于如何立身处世有了更为肯定、自信的见解。

通过中西方文化的比较研究，蒋梦麟逐渐开始融通中西，他认识到中西文化的整体性，体会到宋代学者陆象山所说的"东海有圣人出焉，此心同，此理同。西海有圣人出焉，此心同，此理同"。同时他也认识到紊乱之中所蕴含的统一，即中西方文化看似纷乱复杂，但其中所蕴含的基本道理却是有限的，通常干扰人们认识的是一些旁枝末节，做学问就是要抓住要点，舍弃细节。这对于蒋梦麟而言，是思想上的一次大解放，他开始注重培养以理解为基础的判断能力，不再只是依靠传统的信仰。

蒋梦麟还认识到，思想是行动的先导，但"思而不学则殆"，想法太多反而会一无所成，正确的做法应该是学思结合，并从经验中学习如何思考。儒家强调修身、齐家、治国、平天下，蒋梦麟认为修身是治国、平天下的根基，救国必先救己，于是下定决心努力读书、思考、锻炼身体，"有了良好的身心修养，将来才能为国服务"[2]。

除了在南洋公学学习课本知识外，蒋梦麟还通过参加一些社会活动获取书本以外的知识，尤其是社会时政。周末，蒋梦麟经常去福州路的奇芳茶馆喝茶，当时上海很多学生都喜欢到那里喝茶。茶馆是各种信息集聚、传播的地方，大家聚在一起热烈地讨论时政及各种新闻。茶馆里有一位常客，被称为"野鸡大王"，他总是一身破旧的西装，顶着灰色的满是油垢的鸭舌帽，每日都在茶馆

[1] 蒋梦麟：《西潮·新潮》，华文出版社2013年版，第68页。
[2] 蒋梦麟：《西潮·新潮》，华文出版社2013年版，第69页。

兜售新书，专门贩卖革命书刊给学生。租界当局虽然禁止贩卖这类书籍，但如果你想要，任何革命书刊都可以从他那儿买到。

上海是近代中国社会变化的风向标，也是当时革命文化运动的中心，蒋梦麟在那里能深深地感受到国内时局的风云变幻。1905年的日俄战争，日本击败俄国，双方签订了《朴茨茅斯条约》，由此确立了日本的世界强国地位，日本的野心也由此壮大。受日俄战争的触动，清政府进行改革以强大中国，1905年毅然宣布废除科举，延续了一千三百多年的官员选拔制度彻底终结，从此也切断了年轻一代企图通过科举入仕为官的梦想，取而代之的是一整套间接学习西方、直接学习日本的新的教育制度。这一年，还发生了一件标志性的大事——孙中山在东京成立同盟会——革命声势进一步浩大。

国内局势风起云涌，上海学生也卷入其中，各类反帝爱国运动中皆有他们的身影。1882年美国签署《排华法案》，清政府曾不断对美国迫害华侨提出抗议，但敌强我弱，不仅未取得进展，反而步步退让，并于1884年与美国签订新的条约，十年内禁止华工赴美。1904年4月，美国国会通过将所有排华法案无限期延长的议案，激起中国人民极大的愤慨。上海是反美爱国运动的发轫地，1905年掀起了轰轰烈烈的抵制美货的运动，上海学生和部分商人联合劝告广大商户不要售卖美国货。游行大会上，大家都积极发表慷慨激昂的演讲来反对排华法案。翌年，上海的学生又与江浙地区的士绅、商人联合起来反对英国人投资修建苏杭甬铁路，他们组织游行，举行街头演讲，要求把路线改为从上海经杭州到宁波，以上海代替苏州，以此来避免苏州受到外国的影响，并开始筹集本国资金修筑铁路。这些抗议迫使英国人对路线作出让步，铁路于第二年开始动工。

这段时间，与前些年动辄爆发罢学风潮相比，学生们与学校当局的矛盾冲突事件明显减少，他们开始把注意力转向饭厅。当时上海学生的伙食费是每月六块钱，比内地多三块钱，但饭菜的质量却不好。学生们对伙食非常不满意，不是抱怨米太粗糙，就是抱怨蔬菜太差，有时候他们要求加菜，有时候就以砸碗碟甚至殴打厨师出气。当时，几乎没有一个学校没有"饭厅风潮"[1]，南洋公学自然也无法幸免。

　　1907年7月6日，在安徽省城安庆，警务督办徐锡麟同两名亲信马子畦、陈伯平带领学生军及警察部队刺杀了安徽巡捕恩铭，占领军械库，爆发了安庆起义。但因准备得不够充分及势单力薄，在激战四小时后，起义失败，徐锡麟等被捕，慷慨就义。这次革命离蒋梦麟可谓一步之遥。徐锡麟曾在绍兴中西学堂担任过算学老师，蒋梦麟自然认识，与他更熟识的是徐锡麟的两名亲信。马子畦跟蒋梦麟是浙江高等学堂的同学，在与陈伯平从日本归国去安庆时，曾经在上海逗留了一段时间，他们几乎每天都去找蒋梦麟，大谈革命运动，认为革命是

20世纪初的上野公园。

---

[1] 蒋梦麟：《西潮·新潮》，华文出版社2013年版，第71页。

救中国的唯一途径，还试图邀请蒋梦麟一起去安庆。但一位当钱庄经理的堂兄劝蒋梦麟先去日本一趟，蒋梦麟觉得先去开开眼界也无妨，于是决定暑假跟一位朋友一起去东京，顺便参观一个展览会，就在他赴日的前夕，马子夷陈伯平他们三人在一枝春酒楼聚餐话别，随后各自启程，分赴日本和安庆。没想到这一别竟是诀别，蒋梦麟到日本约一个星期，便从报纸上获悉安庆起义失败的消息，感慨万千。

至于赴日的见闻，对于第一次乘坐轮船远航、第一次到异国他乡的蒋梦麟来说，一切都是那么新奇。日本茶道的礼貌周到、抽水马桶的无比奇妙、长崎的优美风景都给他留下了深刻的印象。其中感触最深的是上野公园的展览会，他参观了好几十次，日本的工业发展让人惊叹。在一个展览战利品的战绩博物馆中，他看到了中日战争中俘获的中国军旗、军服和武器，这些耻辱使他倍感羞愧。晚上的公园灯火通明，非常热闹。日俄战争已经结束两年了，但日本人仍沉醉于战争的胜利之中，欢呼的游行队伍时常可见。看到这些，蒋梦麟不禁潸然泪下。

蒋梦麟在日本停留一个月就回国了，他对于日本的印象整体良好——整个国家犹如一个大花园，城市清洁，日本国民也衣装整洁，待客有礼。回国后，蒋梦麟又继续忙于学业。

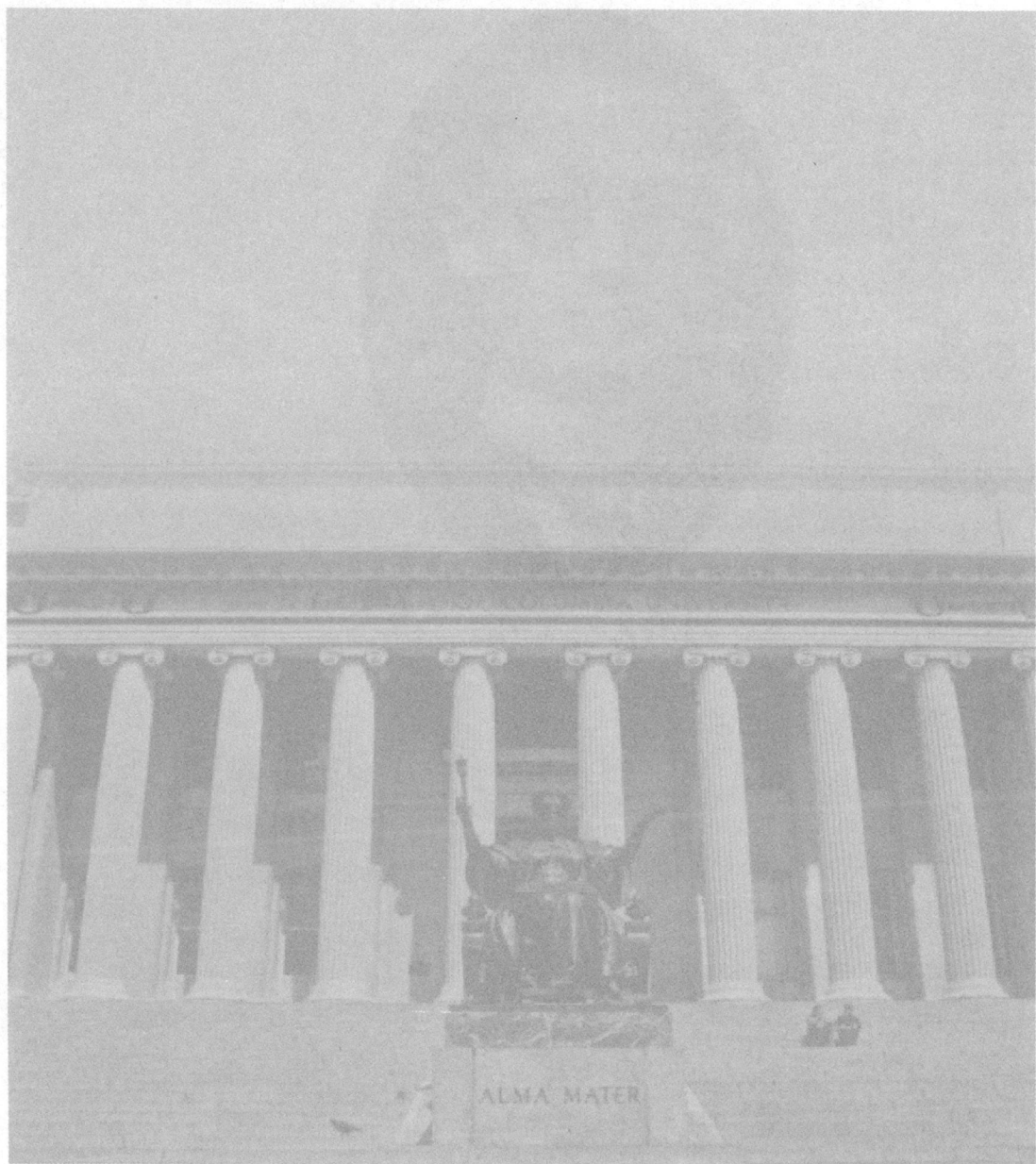

二　留学美国

ALMA MATER

青年蒋梦麟。

甲午战争失败以后，随着民族危机的日益加深，为寻求民族自救的道路，许多青年负笈远游，出国留学。蒋梦麟在国内初沐西学之后，也决定到美国直接学习西方文化，希望通过学习西方文明，一方面可以回国更好地谋生，一方面可以借以改革中国。1908年暑假，蒋梦麟到杭州参加浙江省官费留美考试并被录取，顺利实现了他赴美留学的愿望，他预备到加利福尼亚去进一步深造。

初到美国

蒋梦麟去美国之前，父亲给了他几千块钱，他拿出一部分买了一些衣服杂物和一张前往旧金山的头等船票，其余的都兑换成了美钞。辫子是大清子民的标志，但生活在国外，这根象征着弱国子民的辫子不仅使留学生生活不便，还给他们带来很多耻笑与侮辱。早在19世纪末，在国外的留学生就开始剪辫子，20世纪初，随着归国留学生的增多，尤其是南方各省，虽然清政府严禁剪辫，但由于政府控制力度的减弱，也只好无奈地默许了这种改变。对即将留洋的学生来说，出国前剪辫似乎也成为一种惯例。蒋梦麟去剪辫子时，当理发匠举起利剪，他还是有种上断头台的感觉，全

身汗毛直竖，随着辫子的剪落，好像脑袋也跟着掉了。理发匠将剪下的辫子用纸包好后归还给蒋梦麟，但蒋梦麟在此后赴美的轮船上将辫子丢入了大海。

1908年8月底，在办好一系列留学手续后，蒋梦麟登上了美国邮船公司的轮船启程赴美，二十四天的航程中，他并不孤单，因为跟他同行的还有十几位中国同学。虽说去日本时他已经体验过轮船，但美国之行还是让他惊奇不已，最惊奇的莫过于跳舞了。出生于传统社会的蒋梦麟，从小就被灌输男女授受不亲等思想，最初看到船上男女依偎、婆娑起舞的情形时，他是无法接受的，但时间久了之后，他开始慢慢领略到了舞蹈的优美。

当船在旧金山靠岸的时候，医生登船检查，唯恐他们会带来疾病。经过了一系列的检查，蒋梦麟终于踏上了美国的土地。上岸后他首先接触到的是美国的警察和移民局的官员，他们不仅是美国国家权力的代表，也是蒋梦麟对美国的第一印象。美国作为民主共和制的典型，他的人民理应比君主专制的中国人民有更多的自由，但蒋梦麟的感受却恰恰相反，他反而觉得是在中国生活的人更少受到国家权力的约束，这令他百思不得其解。

蒋梦麟和他的同学在旧金山待了几个钟头，感受了一下旧金山的生活，还去唐人街转了一下，然后就和另外一位同样预备去加州大学的同学在加州大学中国同学会主席的带领下去了伯克利。到达伯克利的时

青年蒋梦麟。

19世纪的旧金山唐人街。

候，加州大学的秋季班已经开学，因此蒋梦麟只能等待春季班了。

　　在等待的这段日子里，他一边适应美国的生活，一边着重加强英文的学习。虽然中美文化差异明显，但蒋梦麟对初到美国的生活并没有十分不适，在饮食方面，一块苹果饼、一杯咖啡、一份红烧牛肉足以满足他的胃，在住宿方面，他租了班克洛夫路的柯尔太太的一间房子。科尔太太对中国学生非常关切，也很健谈，她告诉蒋梦麟有什么需求都可以去找她，也希望蒋梦麟可以把这里当作是自己的家。蒋梦麟很感谢科尔太太的热心，同时也小心翼翼地遵循着房间里的规则，比如说出门前一定要关灯，洗完以后一定要关好水龙头，花生壳决不能丢进马桶，钱币也不能随便丢在桌子上，出门时不必锁门，如果锁门则把钥匙留在地毯下，等等。蒋梦麟在这里开始了真正的美国生活。

　　蒋梦麟在国内曾经学过英文，但初到美国的时候，他的英文依旧是"半盲、半聋、半哑"[1]，为了提高英文水平，他请了一位加州大学的女同学来补习英

[1] 蒋梦麟：《西潮·新潮》，华文出版社2013年版，第77页。

文，每小时五毛钱。此外，他还每天读《韦氏大学字典》《展望》周刊、《旧金山纪事报》等等，这样坚持四个月以后，词汇量显著增加，报纸杂志都可以流畅阅读，词汇量的积累有助于解决听力障碍。但犹如中国各地的方言，英语的发音在不同的群体中也不尽相同，教授讲课、演讲的语调比较缓慢，发音也清晰，容易理解；普通的谈话会比较随意，还经常夹杂着俚语，加上观念的差异，理解起来比较吃力；去剧院听对白，理解起来则介于听演讲与谈话之间。生活在一个讲英语的世界里，听得多了自然就理解了，相对于听力，更难的当然是开口讲话。在国内学习英语的时候已经养成了许多错误的习惯，又不懂语音学的方法，所以口语本来就不标准，到达美国之后，由于文化差异，蒋梦麟变得更加敏感，并不贸然与美国人接触，无疑减少了与人交流的机会，更不利于他口语的锻炼。

不久，圣诞节到了，初到美国的蒋梦麟对于圣诞节更多的是好奇，他独自一人在餐馆吃了一顿大餐，然后在街上散步，透过窗户看到别人家里装饰着电灯和蜡烛的圣诞树，听到一家人团聚的欢笑，感受到处处洋溢着的节日快乐。

对于海外游子而言，农历新年无疑是最重要的节日。除夕夜，蒋梦麟和几个中国同学从伯克利渡海到旧金山共度新年。虽说是中国的传统节日，但旧金山也能感受到节日的氛围，大街上人潮拥挤，到处回响着小喇叭和拨浪鼓的声音，彩条纸和碎花纸在人群中飘飞，一派喜气洋洋的景象。唐人街上，成群结队的人在欣赏东方韵味的橱窗装饰，噼里啪啦的鞭炮声让人仿佛置身中国，午夜钟声一响，夹杂着汽车喇叭声或摇铃声的"新年快乐"响彻整个街道。美国人的天真与和善给蒋梦麟留下了深刻的印象，他感受到了这个年轻国家的活力。这是蒋梦麟在美国度过的第一个新年。

学在加大

　　新年之后，加州大学的第二个学期也随即开学了。蒋梦麟以南洋公学的学分申请入学，以中文学分抵补拉丁文的学分，结果被获准顺利进入农学院。虽然蒋梦麟之前的准备工作偏重于文科方面，但转入农科也是在他深思熟虑之后作出的决定，他当时之所以选择农科主要出于三方面的考虑：第一，他认为中国既然是以农业立国，那么只有改进农业，才能使大多数的中国人得到幸福和温饱；[1] 第二，他从小生活在农村，本来就对大自然有着天然的好感，对花鸟

加州大学伯克利分校。

---

[1] 蒋梦麟：《西潮·新潮》，华文出版社2013年版，第79页。

虫鱼有着浓厚的兴趣；第三，他自幼身体羸弱，选择农科希望以后可以在田野里多接触新鲜空气，以利于身体健康。

蒋梦麟第一学期选的功课是植物学、动物学、生理卫生、英文、德文和体育。体育课是每周六个小时，其他的每科都是每周三个小时。教科书则根据指示自行去大学路的书店购买。蒋梦麟虽然一直在恶补英语，但在口常使用过程中，还是经常会遇到问题，尤其是口语。当他在买植物学教材的时候，因为口语发音问题，把植物学的英文（botany）的重音错放在了第二个音节，说了半天店员还是听不懂，最后蒋梦麟只能用手指着那本书，店员才明白了他的意思，经店员纠正，他才知道自己发错音了。还有一次上课的时候，教授让学生去植物园研究某种草木，但蒋梦麟不知道植物园的具体位置，就去询问校工，因为有了上次买书的经历，蒋梦麟知道了植物学"botany"的发音，重音落在第一个音节上，就举一反三，把植物园的英文"botanical garden"中的"botanical"的重音也放在了第一个音节上，结果校工听后云里雾里，不知所云，揣摩了好一会才恍然大悟。英文重音的捉摸不定使蒋梦麟伤透脑筋，花了很多工夫才慢慢学会了这些英文字的正确发音。

蒋梦麟在国内读书时，尤其在枯燥乏味的家塾读书时，出于好奇经常在课余闲暇时观察鸟兽虫鱼的生活情形，慢慢培养了一种兴趣。在加州大学学习植物学和动物学的过程中，同样需要经常观察这些东西，所不同的是前者使用肉眼直接观察，后者则借助显微镜等工具观察肉眼无法辨别的细微物体。植物学教授在讲授显微镜用法时曾说过笑话："你们不要以为从显微镜里可以看到大如巨象的苍蝇。事实上，你们恐怕连半只苍蝇腿都看不到呢！"[1]蒋梦麟认为显微镜是眼睛的延伸，使人发现多如繁星的细菌，而望远镜是眼睛的另一种延伸，利用它可以看到无穷的繁星。因此，蒋梦麟一直渴望去利克天文台见识一

---

[1] 蒋梦麟：《西潮·新潮》，华文出版社2013年版，第80页。

下世界上最大的望远镜，但没能如愿。后来花了二毛五分钱，从街头一架望远镜上终于看到了蔚蓝天空中的行星，耀眼的光环环绕着土星冉冉移动，跟书本上的天文图一模一样，这种体会让他又惊又喜。

1909年的清政府已经到了崩溃的边缘，当时的知识分子大都以救国救民为己任，认为社会科学是拯救国家的必然选择。蒋梦麟在农学院学了半年，一位朋友就劝他放弃农学，选择一门社会科学。这位朋友认为中国只有解决好政治和社会问题，农业问题才能得到根本解决，而且如果不改修社会科学，就有可能只是局限于实用科学的小圈子，从而无法了解除农业外的其他重大问题。蒋梦麟研究过中国史和西洋史，对各时代各国国力消长及相关因素的影响都颇有了解，因此他很赞同朋友的观点。但是转专业毕竟是人生大事，甚至可能会影响一生，因此蒋梦麟决定慎重考虑这个问题。

有一天早上，蒋梦麟像往常一样，去农场观看挤牛奶的情形，在路上遇见了一群活泼可爱的孩子蹦蹦跳跳去上学。忽然间一个念头在脑海里闪现："我在这里研究如何培育动物和植物，为什么不研究研究如何培育人才呢？"[1]于是蒋梦麟转身跑向一个山头，在一棵古橡树下坐了下来，凝望着旧金山和金门港口的美景，脑海里却浮现着中国历代兴衰的前因后果。他仿佛看到一群天真烂漫的孩子从海湾的波涛中涌出，请求他给他们一所读书的学校。于是蒋梦麟毅然下定决心，要转到社会科学学院，选教育作为主科。从山头跑回学校已近中午，他直接去注册组找苏顿先生，请求从农学院转到社会科学学院。经过一番诘难和辩解，转院总算成功。1909年秋天，蒋梦麟正式成为社会科学学院的学生，他选修了逻辑学、伦理学、心理学和英国史。从此，他的大学生涯开启了新的篇章。

从逻辑学课程的学习中，蒋梦麟了解到思维是有一定方法的，即要根据逻

---

[1]　蒋梦麟：《西潮·新潮》，华文出版社2013年版，第81页。

辑方法来思考；观察对于归纳推理十分重要，即要训练自己的观察能力。于是，他开始观察自己周边的各种事物：母牛为什么要装铃铛，加州的罂粟花为什么都是黄色的，等等。有一次，蒋梦麟无意间在山坡上发现一条汩汩流水的水管，为了弄清水的源头，他沿着水管一路爬到了山头，又为了弄清楚山的那边是什么，竟然翻越了一座又一座山，结果越爬越高，越走越远，而那些山简直数不胜数，最后只好放弃初衷，中途返回。后来他认识到这种漫无目的的观察只能带来失望，观察必须要有固定的对象和确切的目的，而实验中的观察就是一种受控制的观察，是一种科学的观察方法，许多的科学发现都是由实验得来。这些经历与学习体会都充实了他对于逻辑学的理解，锻炼了他的思维能力。

从伦理学的课程中，蒋梦麟学到了道德原则与行为规律的区别。在中国，人们的生活是受公认的行为规律所规范的，他们不必追究规律背后的原则问题，更不必去探究这些规律与现代社会的关系。当蒋梦麟去探究这些行为规律背后的道德原则时，那些一向被视为是真理的旧有道德基础逐渐崩塌。在这方面，赫利·奥佛斯屈里特教授给了蒋梦麟很大的启示，教授异常敏锐的思想，促使蒋梦麟去深入探索这些道德问题。在伦理课上，经常会有热烈的讨论，但蒋梦麟却不敢参与讨论，一方面是由于他的英语口语问题，另一方面则是由于自己祖国的处境——当时衰弱的清政府使许多海外学子都缺乏自信，蒋梦麟只有竖起耳朵，认真听取别人的讨论，然后慢慢领会、思考。

除了课堂学习之外，他们还有许多必读的参考书，包括《约翰福音》，以及柏拉图、亚里士多德、奥里留士等的著作。柏拉图和亚里士多德的著作使蒋梦麟认识到了希腊人敏锐的智慧以及穷根究底的精神，引起了他对于希腊思想的关注。后来他研究希腊史，并将古代希腊思想与中国古代思想做了比较研究，从而了解了希腊思想在欧洲思想史中所占有的重要地位，以及为什么希腊文应该成为自由教育中不可缺少的一部分的原因。《约翰福音》使蒋梦麟开始了解耶稣所宣扬的爱，之后他用孔子的"以直报怨，以德报德"来解答耶稣的"爱

敌如己"的可能性，得到了教授的支持。而奥里
留士发现了理智是一切行为的准则，蒋梦麟认为
他的言论类似宋朝时期的哲学家，如果把他的
著述翻译成中文，与宋儒的作品放在一起，可能
会难辨彼此。

　　蒋梦麟的兴趣非常广泛，选读了很多课程，
包括上古史、英国史、哲学史、政治学，甚至是译
成英文的俄国文学。他对托尔斯泰的作品爱不
释手，尤其是《安娜·卡列尼娜》和《战争与和
平》。蒋梦麟对于科学、艺术、政治和哲学也都
有很大的兴趣，参加了许多著名学者和政治家的
公开演讲会，如桑太耶那、泰戈尔、大卫、斯坦、
约登、威尔逊（当时是普林斯顿大学的校长）、
塔夫脱以及罗斯福等，其中对罗斯福演讲时慷慨
的语调和典型的姿势有非常深刻的印象。

　　蒋梦麟在对比中西教育的过程中发现：与欧
美教育相比，中国的传统教育似乎很褊狭，但事
实上却包罗万象。中国古书中包含了各方面的知
识，例如历史、哲学、文学、政治经济、外交、军
事等等，除此之外还要传授农业、灌溉、天文、
数学等实用知识，可谓具备了学问的广泛基础；
再者，虚心追求真理是儒家学者的一贯目标。因
此，中国传统教育绝不褊狭，如果有欠缺，那就
是太局限于书本知识。

　　对于西方文化的学习，蒋梦麟总喜欢用他已

柏拉图雕像。

知的中国文化知识去对照、衡量,这是他的主要学习方式之一。从理论上讲,这种学习方式是正确、有效的。人们在学习时,往往是在已有的认知基础上构建新的知识,一个中国学生如果要了解西方文明,也只能根据他对本国文化了解的基础去想象、理解、领会与探索。从某种程度上来说,对本国文化了解得越深,对西方文化理解起来就越容易。蒋梦麟很庆幸自己早年在国内彻夜诵读经史子集的苦功没有白费,"我现在之所以能够吸收、消化西洋思想,完全是这些苦功的结果"。[1]因此,蒋梦麟的学习变得更加自信,对未来也充满了希望。

加州四季如春,温和少雨,因此很适合进行户外活动。学校除了体育运动,希腊剧场的演出会、星期演奏会和公开演讲会都会在露天举行。在蒋梦麟记忆之中,莎翁的名剧——《仲夏夜之梦》的演出美得极致,青春、美丽、爱情、欢快都被表现得淋漓尽致。

学校附近有许多以希腊字母做代表的兄弟会和姊妹会。蒋梦麟听说会员们欢聚一堂,非常开心,一直想要去做客,但苦于没有合适的机会。有一次,有人邀请他去某兄弟会做客,同时要求他必须投票选举这个兄弟会的会员出任班主席和其他职员。蒋梦麟到那个兄弟会后受到了殷勤的招待,非常感动,于是在第二天按照之前的"协议"进行了投票,并很高兴在选举中能结交上几位朋友。选举过后不久,蒋梦麟在学校举行的一次营火会中邂逅了当初投以选票的一位同学,但这位同学却漠然如路人。蒋梦麟不禁感叹:"人情冷暖,大概就是如此吧!"[2]从此以后他再也没有拿选票做过"交易",也没有参加过学校的选举。

学校"赛色门"上栩栩如生的裸体浮雕、"北楼"地下室里五分钱一个的

---

[1] 蒋梦麟:《西潮·新潮》,华文出版社2013年版,第84页。
[2] 蒋梦麟:《西潮·新潮》,华文出版社2013年版,第87页。

热狗，都是蒋梦麟大学生活中独特的记忆。此外，他始终忘不了学校哲学馆的一位老工友，这位老工友个高瘦削，行动循规蹈矩，灰色的长眉毛几乎盖到眼睛，很像一只北京的叭儿狗，眼睛深陷在眼眶里，但闪烁着友善而热情的光芒，他当过兵，曾在美国内战期间跟随联邦军队参加过许多战役。蒋梦麟和他一见如故，经常去他住的地下室拜访他。老工友很喜欢讲童年和内战的故事，许多故事都令蒋梦麟感到惊奇，也使蒋梦麟了解到早期美国的情形。老工友对现代的卫生设备和医药技术都不以为然，认为没有这些东西也可以有健康的体魄，当谈论到西点军校时，老工友嘲笑他们全靠几套制服撑场面，一旦遇到真枪实战就没看起来那么厉害了。这位军人出身的老工友在加州大学办学规模很小的时候就已经在学校了，他见证了学校的成长，可以说是学校的一部分。同时，他的存在也充实了蒋梦麟的大学生活，成为蒋梦麟在加州大学求学时期美好记忆的一部分。

华人生活

20世纪初，一大批华侨生活在美国的西海岸。他们集中的区域往往被称为唐人街或中国城，也称为华埠，其中旧金山的华埠是美洲各城中最大的一个，大约有两万华侨。在华埠，传统的古董店、中国饭馆、算命测字的小摊、供奉着中国神佛的寺庙随处可见，广东话、福建话在这里很盛行。如果你是一个中国人，你可以在这里感受到家乡的气息；如果你是一个美国人，你可以在这里感受到传统东方的神秘。

当时的华侨，生活起居保持着传统的风俗，男子留着长辫，女子依旧缠足，学堂仍旧读着古书。虽然周围遍布美国的学校，但似乎对他们毫无影响。华侨主要来自广东和福建，他们帮当地人修路、开矿、种植树木等，靠出卖劳动力养家糊口，大都老实可靠、工作辛勤，即使自己的生活不宽裕，也会寄一些钱财回家乡，甚至慷慨地捐钱给孙中山的革命事业。在华埠，有很多华侨开办的洗衣店，这些洗衣店一天到晚忙着洗衣服，经常忙碌到深夜，因为美国人喜欢把衣服送到中国洗衣店洗，他们觉得手洗不像机器洗那么容易损坏衣服。也有一些华侨开办的杂货店，出售咸鱼、干鲍、燕窝以及其他从广州或香港运到美国的物品。蒋梦麟有一次去杂货店买东西，因为他不懂广东话，竟然不能跟店员进行沟通，最后只能用笔写下他想要的东西。站在边上的一位老太太很是吃惊：这人不会讲唐话（广东话），居然会写唐字！原来她只知道中国有很多方言，却不知道中国有统一的文字。古代中国由于受交通所限，各地之间沟通交流本来就不是太多，再加上这些华人生活在异乡久了，对中国的一些事情像这样只知其一不知其二的情形应该也是常有的。

在美国的华侨，没有特别贫穷的，也没有特别富有的，但都在寻找机会。有一天，蒋梦麟去拜访一位芦笋园的主人丁山，他是孙中山先生的朋友，不仅有一大片芦笋园，还有一间制造芦笋的罐头厂。他很会赚钱，还为工人们开设了娱乐场所，用他自己的话是"工人们辛苦了一天，必须有散散心的地方；如果他不开办娱乐场所，工人们就会找到他邻居所开的娱乐场所去"。[1] 有如此精明的生意头脑，丁老板的财产自然就越来越多。当然，蒋梦麟记忆最深的还是那肥美多汁的芦笋，后来他每次吃到芦笋，总会想起这位丁老板。

虽然旅居海外，但是这些华侨依旧保持着中国传统的生活方式，而且还和国内保持着密切的联系。直至辛亥革命以后，唐人街随祖国的急遽变化也发生了很大的改变，算命卜卦的不见了，学校制度改革了，长辫、缠足也减少了，华侨的生活更加美国化了。

---

[1] 蒋梦麟：《西潮·新潮》，华文出版社2013年版，第94页。

中国国内局势在蒋梦麟求学美国期间发生了剧烈的变化,光绪皇帝和慈禧太后相继去世,年仅三岁的溥仪登基,其父载沣出任摄政王,因载沣对治国毫无经验,清政府岌岌可危,各种革命组织悄然兴起。

在到达美国的第二年,蒋梦麟担任了一份进步报纸的主笔,这份报纸是孙中山在旧金山创办的革命机关报——《大同日报》。1909年秋天的一个晚上,蒋梦麟前往史多克顿街上的一家旅馆去拜访孙中山,跟他一起去的还有《大同日报》的另一个编辑刘麻哥(刘成禺)。虽说之前经常听到孙中山的大名,但第一次正式去晋谒,蒋梦麟还是十分紧张。"孙先生的住处很是简单,一张床、一张小书桌和几把椅子,靠窗的地方有一个小小的洗脸盆,窗帘是拉上的。"蒋梦麟后来回忆起初见孙中山的情形:"他的天庭饱满,眉毛浓黑,一望而知是位智慧极高,意念坚强的人物。他的澄澈而和善的眼睛显示了他的坦率和热情。他的紧闭的嘴唇和坚定的下巴,则显示出他是个勇敢果断的人。他的肌肉坚实,身体强壮,予人镇定沉着的印象。谈话时他的论据清楚而有力,即使你不同意他的看法,也会觉得他的观点无可批驳。除非你有意打断话头,他总是娓娓不倦地向你发挥他的理论。他说话很慢,但句句清楚,使人觉得他的话无不出于至诚。他也能很安详地听别人讲话,但是很快就抓住人家的谈话要点。"[1]第一次见面不外乎聊聊中国的情形、美国的时事及学术上的一些事,但孙中山的坚强意志、远大识见、缜密思维及温和可亲,都给蒋梦麟留下了深刻的印象。当然,孙中山也对蒋梦麟赞赏有加,他认为:"少贤(梦麟字)他日当为中国教育泰斗,非知之艰行之为艰,少贤有焉。然对于革命议论,风发泉涌,笔利如刀,又宣传家之大手笔也。文字革命时期,不能少此人。"[2]蒋梦麟此后在教育事业上的成就,也

---

[1] 蒋梦麟:《西潮·新潮》,华文出版社2013年版,第90页。
[2] 刘成禺:《先总理旧德录》,尚明轩等编:《孙中山生平事业追忆录》,人民出版社1986年版,第688页。

印证了孙中山的慧眼识人。

与孙中山接触时间久了，蒋梦麟逐渐地了解了这位真正的民主主义者。孙中山博览群书，他对各种书都有浓厚的兴趣，虽然读书不快，但记忆力惊人，因此对于东西方文化都有非常清晰的了解；此外他喜欢听笑话，每当听到有趣的笑话时，就会大笑不止；对于中国菜，孙中山经常赞不绝口，他认为中国菜是全世界最好吃的菜；孙中山的演讲才能也让蒋梦麟叹为观止。孙中山非常了解人们的心理，会用通俗简单的话语准确地表达他的观点，总能根据现场听众的状态，选择适当的题目，自始至终地把握住听众的注意力，并且随时愿意发表演说。孙中山对人性的了解，对祖国与人民的爱，对国家未来的深刻见解，都使他成为无可置疑的领袖。

孙中山经常到各地旅行，但只要是回到旧金山，蒋梦麟必定会去拜访。在孙中山的指导下，蒋梦麟和刘麻哥一直为《大同日报》写社论，他们一边在加州大学读书，一边为报社写社论，因为学校的功课任务很繁重，所以他们经常会在深夜赶写第二天的文章。辛亥革命成功之后，刘麻哥回国，社论的任务就落在了蒋梦麟一人头上，学校和社论的双重压力使蒋梦麟逐渐丧失了当初对写作的兴趣，社论的质量也不如从前。大学毕业后，他前往纽约继续深造，也就放弃了这份工作。

孙中山。

纽约见闻

　　1912年，蒋梦麟从加州大学毕业，教育为主科，历史与哲学为副科，荣获学校名誉奖，随后前往位于纽约的哥伦比亚大学继续自己的学业。

　　哥伦比亚大学教育学院在世界同类学院中处于领先水平，其学院图书馆也是全球最大的教育类学术图书馆。学院在1890年初就将心理学、社会学的课程融入教育课程中，成为美国第一所将教育活动推及社会关怀的学校，之后又开设了诸多教育专业课程项目。此外，一大批大师级学术领袖人物在该院任

哥伦比亚大学图书馆。

20世纪初的纽约。

教，包括实用主义哲学家杜威、教育心理学创始人桑代克、教育史学家孟禄、进步主义运动的先驱克伯屈、比较教育学领袖康德尔、人本主义心理学家马斯洛，等等。中国近代知名学者有许多曾在此求学，如国学大家胡适、人民教育家陶行知、中国幼儿教育之父陈鹤琴、南开大学创始人张伯苓，等等。

蒋梦麟在哥伦比亚大学获益匪浅。之前四年的留学生活让蒋梦麟突破了语言障碍，可以随时从接触到的事物中汲取知识。在哥伦比亚大学，他不仅学到了如何将科学方法应用到社会现象，而且还体会到了科学研究的精神，同时受到许多大师的教诲，并深受启示，尤其是杜威教授。约翰·杜威是美国著名的实用主义哲学家、心理学家和教育家，1904年任教哥伦比亚大学。蒋梦麟认为杜威的实验哲学与中国人讲求实用的心理很类似，但杜威曾经告诫过他们："一件事若过于注重实用，就反为不切实用。"[1]

---

[1] 蒋梦麟：《西潮·新潮》，华文出版社2013年版，第96页。

从旧金山到纽约，蒋梦麟已经熟悉了美国的生活。但纽约街头的霓虹灯广告，川流的高架电车，高耸的摩天大楼，繁华的第五街，各式各样的剧院、影院、饭店，还是将纽约推到了摩登最前沿。纽约这座城市除了繁华，还包容了贫穷和不稳定因素。政客、流氓、艺术家、教授、贫民窟中的各色人等都自在地生活在这座城市里。纽约是个自由的城市，法律范围内的行动自由、理智范围内的思想和言论自由，在这里可以发挥得淋漓尽致。在纽约这样兼容并蓄的城市，蒋梦麟感受着美国主义的"魔力"。

约翰·杜威。

　　暑假是学生时代极其美好的时光，蒋梦麟常常会去纽约州东北部的阿地隆台克山区避暑，暑假结束又回到纽约。有一次，他和几个中国同学去彩虹湖的一个小岛上露营。白天在湖中划船垂钓，经常可以满载而归。除了钓鱼，小岛上到处是又肥又大的青蛙，出生水乡的蒋梦麟，捉蛙技术十分娴熟，一根钓竿、一根细绳、一枚大小合适的针，再加上一块红布，就是捉蛙的全套工具。他们使用这些简单的工具，在一个小时内就捉到二十多只青蛙，足够他们美餐两顿，这令从未吃过青蛙的彩虹湖居民大为吃惊。晚上他们会去参加附近居民的仓中舞会，跟随主人的提琴曲子婆娑起舞，享受乡村的宁静和安详。这种城乡交替和对照，可以破除单调而使心神清新，让蒋梦麟能够更愉悦地投入到下一学期的学习生活中。

　　蒋梦麟在纽约求学期间，万里之外的祖国正动荡不安。中华民国已经建立，革命的果实很快被袁世凯窃取，战争也随之而来。此时，中日之间也发生突变，最终势成水火。近代以来，一方面在1894年的甲午战争中，中国被日本打败，签订了丧权辱国的《马关条约》，给中国带来严重的民族危机的同时，日本又一直对身边的这块大肥肉虎视眈眈；另一方面，在甲午战争中，国人发现日本通过改革在短短几十年内就能从一个贫弱小国变成强国，于是开始反思中国的各种问题，注意到学习西方的重要性，企图像日本一样通过改革振兴中华。日本自然成为中国学习的榜样，清末国内发生的很多革新都是移形自日本，1904年日俄战争中，日本的战胜更使中国的革新运动获得了新动力，日本俨然成为很多中国人心中的偶像。这种亦师亦敌的关系一直持续到民国初年。1915年，日本的侵略野心进一步暴露，它利用第一次世界大战的机会向中国提出了著名的"二十一条"，企图把中国的领土、政治、军事及财政等都置于日本的控制之下。以袁世凯为首的中国政府受日本的逼迫，又无力与之抗衡，不得不求助于西方国家。驻华盛顿的中国大使馆经政府授意，将"二十一条"的内容透露。这"二十一条"要求使西方各国都大为震惊，美、英、法纷纷向日本施压，抵制日货的浪潮也在中国各地迅速蔓延。经过不断地谈判与努力，袁世凯最终接受了其中的一至四条，签订了中日《民四条约》，虽在某种程度上减小了对中国的损害，但中日关系由此逐渐走向决裂。此后日本加大侵略步伐，直至发动全面的侵华战争，证实了国人的担忧与日本人的侵略野心。

1917年初夏，蒋梦麟如期完成了毕业论文——《中国教育原理之研究》(*A Study in Chinese Principles of Education*)，并获得哲学博士学位。在毕业论文中，蒋梦麟运用西方的科学方法研究了中国历代教育思想，对其中包含的教育原理如遗传与教育、学习原理，教学原理，道德教育原理等进行了阐发，力图从中国传统教育中汲取改造中国教育的力量。论文还对中西文化中个人、社会和国家的关系进行了对比，认为科学与艺术对当时中国的教育改革具有重要意义。在蒋梦麟取得博士的同时，第一次世界大战依旧在欧洲持续，美国已经通过法案准备参与战争，国内正忙着进行动员，空气中到处弥漫着离别的愁绪。蒋梦麟离开故乡已近十年，此时已学业有成，面对培养了他的哥伦比亚大学、陪伴过他的师友、习惯了的美国生活，他充满了感恩与留恋，但

1916年，蒋梦麟（后排左二）和哥伦比亚大学师范学院教授、同学合影。
图片来源于易竹贤、陈国恩著《图本胡适传》。

为自己的祖国效力，是他的理想，也是他出国留学的目的。于是，蒋梦麟踏上邮船，启程回国了。

故地重游

1917年，蒋梦麟回到上海的时候是火热的夏天。阔别九年，上海发生了很大的变化，原来的街道变得更加宽阔平坦，而且铺筑了许多新路；百货公司、游乐场、舞厅、旅馆比以前多了好几倍；国人开办的学校也增加了很多，有私人办的、政府办的，还有租界当局办的；走在大街上，剪着短发、穿着及膝旗袍和高

1920年的上海南京路。

跟鞋的摩登女子随处可见，拖着长辫的男子倒不多见了，但长衫作为既方便又舒适的服装还被保留着；在上海的洋人也不像以前那么趾高气扬了，租界公园门口的牌子"犬与华人不得入内"已经改为"只准高等华人入内"。这一切都让蒋梦麟感受到跟记忆中不一样的上海，上海正在不断地变化为一座现代的繁华都市。

留学归国的学子，一方面受到传统文化的熏陶，一方面又受到西方文明的洗礼，他们经常在中西的不同尺度中寻求平衡。当蒋梦麟看到大街上的黄包车夫顶着烈日、汗流浃背，四处拉客谋生却经常遭受谩骂，甚至被野兽似的外国人当狗一样地踢骂，他的美国尺度告诉他：这是极不人道的。在西方，狗也未必受过如此待遇！于是他就满腔怒火，很想去打抱不平，但转念一想，中国没有一个稳定的政府去发展工业，剩余劳动力无处谋取生计，一时的逞强于事无补，黄包车夫依旧还是只能去拉黄包车，继续忍受下一位雇主的谩骂，"小不忍则乱大谋"的古训慢慢平息着他的怒火。这样的矛盾挣扎估计在很多有良知的中国人心里翻腾过，但解决这些问题，只能靠中国的不断发展、强大。

　　在上海待了一些时日后，蒋梦麟和哥哥一同经宁波回余姚。宁波与上海之间有三家轮船公司的船只每夜对开一次，乘客还是像以前一样的拥挤，甲板和过道都挤满了人，小贩们成群结队地上船售卖东西，很多是舶来品。为了占住座位，蒋梦麟和哥哥下午五点就上了船，在船上度过了漫长的一夜，第二天早上才到宁波。与上船相比，下船更加混乱，脚夫们一拥上船拼命抢夺行李，一不留神，行李就会不翼而飞。经过一番折腾，他们终于将行李搬上了回余姚的火车。铁路沿线的稻田，空气中的稻香，这就是家乡的味道，虽然蒋梦麟远离数年，但依旧熟悉。

　　越过一座大石桥，穿过县城里的老巷子，他们到家已中午时分。父亲早已在门口台阶上等待——虽然脸上已刻下岁月的痕迹，双鬓斑白，老态微露，但身体还很好，精神也很饱满。蒋梦麟向父亲恭恭敬敬地行了三鞠躬礼。离开家乡那么多年，蒋梦麟这次回到家中感受到了久违的亲切。大厅中直背的靠椅对称地排列着，正墙上挂着镶嵌贝壳的对联，对联的中间是一幅墨竹，这一切显示，老人家的生活与以前相比没怎么改变——知足、宁静且安定；大厅后边的小院，假山、凉亭、石猴、水池、鱼虾都呈现出江南生活的安静。

　　得知蒋梦麟回家，刘老丈当天下午就去看他。蒋梦麟的童年时期，刘老丈给他讲了许多故事，小孩们都很喜欢刘老丈。这次，刘老丈依旧跟他讲了近几年的很多趣闻，一直滔滔不绝地聊到晚饭过后，才起身告辞，暮色中在前庭石阶上差点摔倒，幸亏有人扶住他，他开玩笑地说道："三千年前姜太公八十遇文王，我刘太公八十要见阎王了。"[1] 不想一语成谶，几天之后，刘老丈真的去世了。蒋梦麟不仅失去了一位亲人，也失去了一位会讲故事的老朋友。

---

[1] 蒋梦麟：《西潮·新潮》，华文出版社2013年版，第108页。

相对于余姚，蒋村有蒋梦麟更多的童年回忆。在余姚住了一个星期以后，蒋梦麟就回蒋村去看望老朋友。时过境迁，蒋村的山水没有变化，蒋村人的生活却有了很大变化。朋友们如今大多已成家立业，有的老人已入土长眠，老百姓也能够适应新兴的行业和新的生活。年轻一代则基本都上了学堂，接受一定的科学教育后，学生们明白：拜菩萨是迷信，向祖先烧纸钱愚蠢，庙里的菩萨塑像是泥雕，人死后没有灵魂，鬼神之说根本就是无稽之谈；男女平等，女子有权选择自己的丈夫、离婚或再嫁；外国的药丸比中国的草药好；等等。虽然村里老百姓对学生讲的不以为然，但对原先的信仰与观念多少也产生了疑惑和动摇。在家的女人已不用靠织布度日，因为洋布既好又便宜，很多人还学会编织发网和网线餐巾外销出去，收入不错；男人大多到上海工厂或机械公司当学徒，也有的到上海经商，收入比以前多了。种田的人少了，强盗也不见了；日子过好了，也比以前太平了。

　　住在蒋村的大伯母此时已经抱病卧床几个月了，看到蒋梦麟回家来非常高兴，一边用颤抖的双手紧紧拉住他，一边给他讲村中近几年的变化，说世界已经变得面目全非，她看不惯也不适应了。谁知一个月之后，老太太就离开了这个变化太快的社会。蒋梦麟的三叔父和三叔母年岁也不小了，但身体十分硬朗，养了很多鸡、鸭、鹅、猪，三叔母还自下厨给蒋梦麟做了许多美味。蒋梦麟父亲平时经常接济的一位九十多岁的老婆婆，也走了四里多路来看望他，她把蒋梦麟从头到脚仔仔细细地打量了一番，看他没有异样才安心。她也跟蒋梦麟讲述了村中的事情，还有她看到的一些新奇的东西，如沙发、弹簧床、发电机、电灯等等。这位婆婆和失去双亲的小孙女相依为命，生活很是贫穷，在她离开时，蒋梦麟将二十块钱塞进她的手里，她很高兴，直夸蒋梦麟从小心肠就好。

　　离开蒋村前，蒋梦麟还去祭拜了母亲。

　　告别蒋村，蒋梦麟乘火车赶往曹娥江边，乘轮船渡过曹娥江，再转小火轮渡过钱塘江，终于在傍晚时分到达杭州。

　　日落前的西湖美丽依旧，雷峰塔和保俶塔都披着落日的余晖，游船点缀着波光粼粼的湖面，远处的群山和别墅都笼罩在暮霭中。一群穿着短裙、剪着短发的摩登少女在湖边散步，她们高跟鞋的笃笃声提醒蒋梦麟时代已经变了。蒋梦麟发现曾经读书的浙江高等学堂已经不在了，原址改成了省长公署的办公厅；湖滨路上旗下营的旧址也矗立着饭馆、戏院、酒店和茶楼，在沿湖东岸一线还修建了湖滨公园，吸引了不少游客。杭州交通大为改善，城市火车站就在西湖附近，周末会有大批游客从上海乘火车到杭州游玩。杭州已经成了一个著名的旅游城市。

　　蒋梦麟在杭州待了一个星期，故地重游，他感受到了别样的意义——现代与传统在这里的碰撞。大城市的电灯、电话让生活变得方便，但似乎缺少了点什么，偏远地方昔日淳朴的生活更让他迷恋，暮鼓晨钟下的山林清幽安静，令人神往。不管怎样，现代文明已经在生根发芽，社会正在发生变化。

20世纪初的西湖。

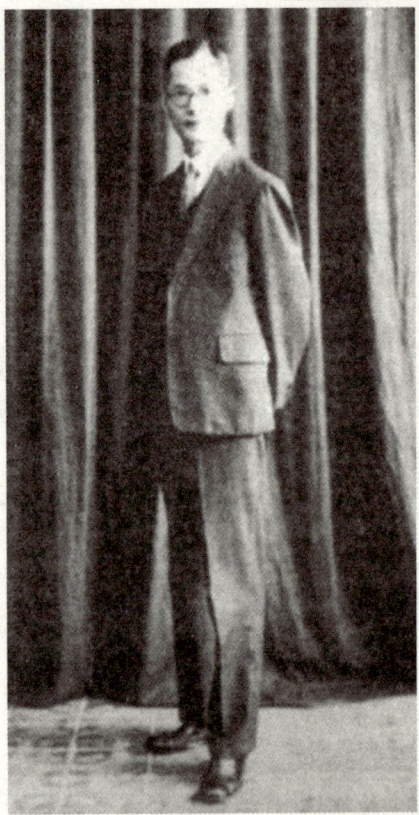

留学归国不久的蒋梦麟。

　　经过在美国的多年学习，蒋梦麟踌躇满志，希望以自己所学实现平生之志。蒋梦麟在美国的学习以教育为主，他第一份职业也基本与教育相关。从此，蒋梦麟开始在中国教育的这块土地上辛勤耕耘。

上海任职

　　1917年秋，蒋梦麟离开杭州，赴上海任职。由时任江苏教育会会长黄炎培介绍，蒋梦麟进入商务印书馆担任编辑，同时兼任江苏教育会的理事，膳宿由教育会提供。商务印书馆创办于1897年，后经张元济等人的悉心经营，成为当时中国最大的出版机构，不仅出版各种新式教科书、学术著作，还出版各类期刊，甚至翻译外国学术著作。新文化运动兴起后，商务印书馆逐渐成为南方的新文化运动中心，在文化界有较大的影响力。

　　黄炎培是近代中国著名的教育家、社会活动家，早年就在家乡从事教育工作，在江苏教育界颇有名声，后经蔡元培介绍加入同盟会，从事反清革命工作。辛亥革命后，黄炎培被任命为江苏都督府民政司总务科科长兼教育科长，后改任教育司长。由于反

黄炎培。

蒋梦麟翻译的《美国总统威尔逊参战演说》书影。

对袁世凯的专制统治，黄炎培于1914年辞去教育司长一职，转任由江苏学务会改组而成的江苏省教育会常任调查干事。

蒋梦麟与黄炎培的相识，缘起于1915年5月黄炎培的访美。当时，黄炎培与余日章作为教育界代表，随同北京政府商务部组织的"游美实业团"到美国考察教育。在旧金山考察期间，蒋梦麟给黄炎培提供了很多帮助，他把加州地区的教育行政制度以及调查结果制成表格送给黄炎培，给黄炎培留下非常深刻且良好的印象。后来，蒋梦麟又陪同黄炎培参观纽约博物院、哥伦比亚大学，陪他看戏剧。在黄炎培结束美国考察之前重返旧金山时，蒋梦麟又为他安排住宿，令黄炎培感激不尽。同年8月，黄炎培应邀参加在加利福尼亚举行的万国教育联合会，因临时有要事不能前往，就委托蒋梦麟代为出席，并嘱托其特别关注职业教育和体育教育的相关问题，蒋梦麟欣然应允并反馈会议相关信息。之后，两人书信往来不断，且黄炎培称蒋梦麟为"吾友"，可见交情甚好。蒋梦麟学成归国，黄炎培为之推荐就职似乎也是顺理成章。

一战期间，面对内有军阀当道、外有列强欺凌的多难局势，美国总统威尔逊所宣称的"公理""平等""民族自觉"等，使中国的知识分子从这位大学校长出身的美国总统身上看到了世界和平的希望，蒋梦麟对这位美国总统也是赞赏有加。1917年9月，他翻译的《美国总统威尔逊参战演说》在商务印书馆出版，在书前"威尔逊总统小传并赞"中，蒋梦麟盛赞威尔逊是世界领袖，"他为正义人道计，不得已而加入战团，……先生之为人也，道德高尚、思想敏捷。擅长文章，言必有中，故其主张，足以代表协商国共同之宗旨"。[1] 此书出版后，风行一时，数度重印。1918年11月，德国投降，第一次世界大战以同盟国失败而宣告结束。中国知识分子对巴黎和会寄予很高的期望，希望威尔逊在和会中能实践和平、公理等宣言，陈独秀甚至把他奉为当时世界上"第一个好人"。蒋梦麟在1919年1月第三次出版的《〈美国总统威尔逊参战演说〉序言》中也说，这些演说"代表大共和国光明正大之民意，为世界求永久之和平、为人类保公共之利权者也。今战事已告终止。武力既摧，强权乃折。民意既彰，正义自伸。威总统之言，实为世界大同之先导。凡爱平民主义者，莫不敬而重之"。[2] 然而，当善良的人们翘首以待之时，列强却无视中国利益而在巴黎分赃。中国在巴黎外交失败的消息传入国内，举国同悲，人们对威尔逊的幻想随之破灭，蒋梦麟也只能扼腕叹息，之前奉威尔逊为"第一个好人"的陈独秀也愤怒地说："什么公理，什么永久和平，什么威尔逊总统十四条宣言，都成了一文不值的空话。"[3]

在商务印书馆任职期间，蒋梦麟听取各省教育代表意见之时，发现国内值得一读的好书非常缺乏，为中国文化发展的前途考虑，他计划翻译一套西方高等学术丛书。于是，他跟实力雄厚的商务印书馆商议，并将《编译高等书籍条议》交给了商务印书馆的负责人张元济。商务印书馆虽然同意出这套丛书，但是考虑到出这类书赚不了钱，不准备出人力办理此事，需要蒋梦麟自行筹划。

---

[1] 蒋梦麟：《美国总统威尔逊参战演说》，商务印书馆1919年版。
[2] 蒋梦麟：《〈美国总统威尔逊参战演说〉序言》，商务印书馆1919年版，第1页。
[3] 陈独秀：《两个和会都无用》，《陈独秀文章选编》，生活·读书·新知三联书店1984年版，第397页。

蒋梦麟只得向曾同在哥伦比亚大学一起求学的同学胡适求助。他在1917年10月18日给胡适的信中写道：

前自杭寄奉一书，并附剪报一纸，谅邀台览。弟自杭返后，聆各省教育代表之伟论，咸谓吾国所出新书，无一可读。研究西文，究非易举。皆抱脑中饥饿之叹。又参观上级学校，教员皆不读书。诘之，则多以无书可读对。故不喜读书者，则竟不读一书；喜读书者，则多读古书。窃谓吾辈留学生，可得新知识于西书，旧知识于古籍。若不通西文者，则除读古籍外，其又何道以得新知识？若是以往，中国文化前途不堪设想。弟实忧之。于是商之于商务印书馆主事诸公，请编辑高等学问之书籍。主事诸公以此种书籍于营业上不利，颇觉为难。厥后彼此协商，允先行试办。虽略损资本，以吾国文化前途故，亦不敢辞。同事中如张菊生、高梦旦诸公，均赞成斯义。诸公以他事羁身，不克兼顾。其势必由弟承乏。故拟邀集同志故交，以进步之精神，协力输入欧西基本之文化。昔大隈伯诸人，倡译书社，欧化遂得以输入日本。吾国学术之衰落，至今日已极。非吾辈出而提倡，有谁挽此狂澜乎。吾兄文章学术，高出侪辈。此事非大家帮忙不可。请兄于课余之暇，著书立说，弟当效校阅之劳。一切筹谢方法，可后议。弟意吾兄可先将加校之博士论文付印，以后可择兄之所乐为者接协办理。兄素长哲学，可于此一门发挥宏论。他若达善诸君，可各以所长著译。弟拟以北京、南京、上海、广东为四中心。北京一方面，必须烦劳吾兄及独秀先生。子民老师处当另函述明。商务以伟大之资本，全国五十余处之分行，印刷、发行均甚便利。吾辈若不善为利用，殊若可惜。弟学识肤浅，惟区区之心，不容苟安过去。故不推绵力，函求同志。吾兄素抱昌明学术之志，想必赞同斯举。将来出版、装订及作索引（Index）、点句等，均当以进步之精神，最新之方法行之。一人作事，东扶西倒。请兄速赐复音，并示高见。[1]

---

[1] 耿云志：《胡适遗稿及秘藏书信》（第39册），黄山书社1994年版，第402～405页。

　　之后，蒋梦麟于11月12日再次致函胡适，向他介绍丛书编译事务的进展，并附录编译《高等学术参考丛书》的简章。简章中拟定条目：

　　（一）《高等学术参考丛书》以西洋之高等学术为主体；中国之高等学术以西洋科学方法著述者并入之；为高级学校及研究高等学术者之参考及涉猎之用。

　　（二）本丛书以西洋基本学术之关于哲学、教育、群学、文学四类为限。

　　（三）本丛书四大类之分门如下：

　　　　（1）哲学类：（a）哲学史门，（b）哲学门，（c）知识方法门。

　　　　（2）教育类：（a）教育史门，（b）教育原理门，

　　　　　　　　　　 （c）教育行政门，（d）教授法门。

　　　　（3）文学类：（a）中国文学史门，（b）西洋文学史门，（c）文学比较门。

　　　　（4）群学类：（a）群学门，（b）史学门，（c）政治比较学门。

　　（四）本丛书著作之责任由著作人负之；印刷发行之责任，由发起人负之。

　　（五）发行人照下列版税为著作人之报酬：撰著书，版税照定价百分之十五至百分之二十；翻译书，版税照定价百分之十至十五。

　　（六）每册假定十万字，约百页，即二百面，定价假定七角左右。

　　（七）版税每年阴历三节，照实销之数，由发起人交付著作人，另立折据为凭。

　　（八）著作权为著作人之所有，但归发行人一家印刷发行。

　　（九）已印之书如有修订内容或变更形式及定价等事，双方协定之。

　　（十）各书之版权须由著作人加盖图章或粘贴印花，以便稽查销数。[1]

---

[1] 耿云志：《重新发现胡适》，外语教学与研究出版社2011年版，第438～439页。

留学归国不久的蒋梦麟。

　　之后，蒋梦麟多次致函蔡元培、胡适等人，对丛书编译过程中出现的问题进行沟通。这套丛书历时三年才与世人相见，名称也由最初的《高等学术参考丛书》变为《世界丛书》。但不管怎样，《世界丛书》是同类丛书中刊行最早的，起到了开风气之先的作用。

　　蒋梦麟虽然可以专心译书，但终究不习惯这种"磨桌子"的生活，1918年夏初，他辞去了商务印书馆的职务。当时正值黄炎培所创的中华职业教育社走上正轨之时，极缺人手，于是蒋梦麟应聘担任了中华职业教育社专职总书记的职务。6月，蒋梦麟陪同黄炎培去东北三省调查教育状况，他们先后到达北京、大连、旅顺、长春、哈尔滨，后返回北京，绕道青岛回到上海。这次调查使蒋梦麟更好地了解了全国各地的教育发展状况，获益匪浅。12月30日，教育部公布《教育调查会规程》，规定教育调查会隶属于教育总长，以调查审议教育上之重要事项为目的；由教育总长延聘曾任或现任高级教育行政职务、有教育经验、有专门学识、对教育夙有研究者担任会员；调查会分教育行政、普通教育、师范教育、高等教育、社会教育以及实业教育六股，分股设会员调查相关教育事项。蒋梦麟担任了普通教育、师范教育以及高等教育三股的调查员，其中普通教育是首席调查员。在次年4月的教育调查会第一次会议上，他和沈恩孚提出名为《教育宗旨研究案》的议案。议案指出，1912年公布的教育宗旨中的军国民教育一节与世界潮流不合，主张"以养成健全人格，发展共和精神"为教育宗旨。所谓健全人格，应该具备四个条件，即私德为立身之本，公德为服役社会国家之本；人生所必需之知识技能；强健活泼之体格；优美和乐之感情。所谓共和精神，即发挥平民主义，俾人人知民治为立国根本；养成公民自治习惯，俾人人能负国家社会之责任。[1]

1918年12月，北京大学、南京高等师范学校、暨南学校、江苏省教育会、中华职业教育社联合发起成立了"中华新教育社"，次年1月，改名为"中华新教育共进社"，并于2月创办了《新教育》杂志，由蒋梦麟任主编。蒋梦麟在《教育评论》中说明了《新教育》杂志创设的背景和用意。

新教育月刊创设之用意——同人等察国内之情形，世界之大势，深信民国八年，实为新时代之纪元。而欲求此新时代之发达，教育其基本也。爰集国中五大教育机关，组织新教育共进社。编辑丛书、月刊。盖欲在此新时代中，发健全进化之言论，播正当确凿之学说。当此世界鼎沸，思想革命之际，欲使国民知世界之大势，共同进行，一洗向日泄泄沓沓之习惯。以教育为方法，养成健全之个人，使国人能思、能言、能行，能担重大之责任。创造进化的社会，使国人能发达

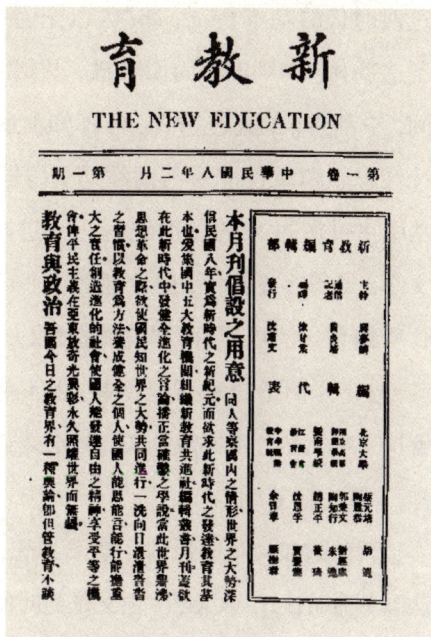

《新教育》第1卷第1期。

[1] 陈学恂：《中国近代教育史教学参考资料》（中册），人民教育出版社1987年版，第479～482页。

自由之精神，享受平等之机会。俾平民主义在亚东放奇光异彩，永久照耀世界而无疆。[1]

这份"以输入世界最近教育思潮、学术新知、传布国际大事为宗旨"[2]的杂志，创办六个月后就发行到一万份。蒋梦麟主持《新教育》杂志的工作持续了很久，甚至在北大主持校务期间，仍然为《新教育》的编辑事务而忙碌，直到1922年，因事赴美，才辞去主编之职，改由陶行知接任主编之职。

在这一段时间，蒋梦麟不仅参与杂志的编辑工作，同时也发表大量文章为教育事业呐喊。1918年2月，蒋梦麟发表《过渡时代之思想与教育》，分析了过渡时代的基本特征，即"人以全力思所以排除旧习，启发新猷，摈弃旧器，制造新械。初则旧习固而难破，既则旧基础动摇，而新者不足以继之。全国思潮，纷乱错杂，流连彷徨，民不知何所适从"。文章大篇幅将20世纪初的中国社会思想和教育情形与西欧历史中同处于过渡时代的公元前5世纪的希腊和从中古过渡过来的18世纪的西欧进行了详细的比较，虽然涉及政治、经济、文学、道德多个层面，但论述的中心聚焦在"人生之目的"和"教育之宗旨"。蒋梦麟说，中国自与西洋文明接触以来，旧道德之势力渐减，个人主义愈趋愈甚，这不是旧道德家所能抑制，也不是数册旧道德书所能防止的，此核心是要解决"为个人之发展及个人与社会之调和"的问题，这需要像当年苏格拉底那样，"筑一新基础以代之"。

蒋梦麟在文章中强调，"教育思想，必与其所处时代之思想相共进行"，就像法国革命时代，"顺天然"主义是当时的思想主流，相应的政治上持民约论，学术上重科学，人生观重自由和天赋人权，教育上则重自然教育。所以当中国昌言"自

---

[1] 曲士培编：《蒋梦麟教育论著选》，人民教育出版社1995年版，第97页。
[2]《新教育月刊出版通告》，《北京大学日刊》第342号，1919年3月26日。

由""平等"和"天赋人权"的时候,中国教育也必然经历变革。

　　然而,如何变革? 蒋梦麟认为"消极攻击"不是过渡时代的上策,"积极建设"才是正道。他主张以"科学之精神"和"社会之自觉"为目标,"取中国之国粹,调和世界近世之精神,定标准,立问题,通新陈交换之理,察社会要需,采适当之方法以推行之"。他说,科学精神是西洋学术的精髓,强调的是"好求事实,使之证明真理";社会之自觉是"西洋之文明,根乎希腊之个性主义"。个性主义就是"发展个人固有之能力,不使为外界所压迫,养成一活泼强健灵敏之个人",使人人对于社会有自觉心,自觉对于社会负责任,就是社会之自觉心。[1]

　　蒋梦麟的《过渡时代之思想与教育》与他的博士论文《中国教育原理之研究》一脉相承,而且文中论述的个人价值、个性主义、新旧调和等中心思想也在他后期的论文中得到延续和发展。继《过渡时代之思想与教育》后,蒋梦麟又陆续发表了《个人之价值与教育之关系》《建设新国家之教育观念》《进化社会的人格教育》《和平与教育》《个性主义与个人主义》《改变人生的态度》《新文化的怒潮》《新旧与调和》等关于思想与教育的文章。1933年,蒋梦麟将他在1919年前后五年发表的论文分类别序,汇集成八篇,以首篇"过渡时代之思想与教育"命名全书,由商务印书馆出版。

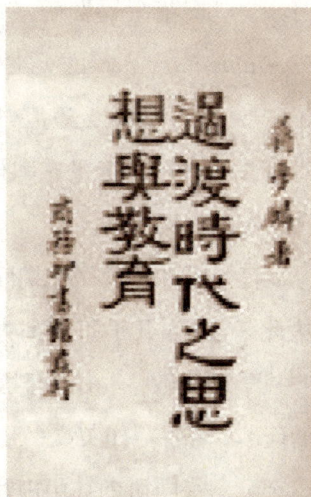

蒋梦麟著作《过渡时代之思想与教育》。商务印书馆1933年出版。

---

[1] 蒋梦麟:《过渡时代之思想与教育》,《教育杂志》第10卷第2期。

与孙中山二三事

蒋梦麟与孙中山在美国相识，后来因《大同日报》的主编工作，又与孙中山频繁交往，经常在一起讨论国内外时政，交流学术问题，当然也一起聚聚餐、讲讲历史上的伟人趣事。在蒋梦麟眼里，孙中山是一位革命领袖，而且平易近人、幽默风趣，他用"圣人不失赤子之心"来形容孙中山的和蔼可亲。辛亥革命爆发后，孙中山拟返回中国，临行前，把一本名为*Robert's Parliamentary Law*的英文书交给蒋梦麟，说国人开会发言无秩序、无方法，正需要这样的书，希望他与刘麻哥一起把它译出来，但是蒋梦麟和刘麻哥一直都忙于各种事务没有翻译，最后孙中山自己把它翻译出来，那就是后来的《民权初步》。

蒋梦麟在上海工作期间，又得幸遇见孙中山。1918年，孙中山移居上海。从此，蒋梦麟几乎每晚都去马利南路孙公馆见孙中山和孙夫人。当时由于护法战争的失败，孙中山开始进行革命经验的总结，并开始从事中国实业计划的研究，着手写作英文的《实业计划》，并要求蒋梦麟帮忙。于是，蒋梦麟邀请余日章一同协助孙中山写作《实业计划》。孙中山将研究的问题和方法用英文写下来，由孙夫人打字，再由蒋梦麟和余日章负责校阅稿子。

孙中山在1917年至1920年间，陆续写作了《孙文学说》《实业计划》《民权初步》，这三部著作合称《建国方略》，是孙中山描绘共和国建设的蓝图，而且孙中山在研究中国问题时，往往一眼就能彻底地了解问题的本质。蒋梦麟被孙中山的雄韬伟略深深折服，在他看来，当时很多改革者只求近功，不肯研究中国实际问题的症结所在，希望不必学习历史、社会学、心理学、科学等知识，就能把事情办好，更不愿意根据科学知识来制定国家的建设计划，而孙中山的眼光和计划都超越了时代。在帮助孙中山写作《建国方略》期间，蒋梦麟认识了胡展堂、朱执信、廖仲恺、陈少白、戴季陶、张溥泉、居觉生、林子超、邹海滨等，此后这些人都成为"党国要人"。

《建国方略》书影。商务印书馆1930年出版。

1919年，蒋梦麟受蔡元培之托，去北京大学代办校务。孙中山对蒋梦麟此行也非常赞同，在蒋梦麟赴任后不久，便在给他的一封信里还提出了让蒋梦麟率领三千弟子，助他革命的愿望。后来蒋梦麟常住北京，但一直惦记着孙中山和他的"革命事业"，只要有事南下，必定去晋谒孙中山。

知道孙中山喜欢研究工程，蒋梦麟听闻北平导淮委员会绘有导淮详细地图，于是设法拿到一张带到上海送给孙中山。孙中山如获至宝，一拿到绘图就在地板上摊开，席地而坐，认真研究起来。后来，这张图就一直挂在孙中山书房的墙壁上。

美国哲学家、教育家杜威来华期间，蒋梦麟介绍他与孙中山相见。杜威与孙中山一起讨论知难行易问题，谈得很投机。孙中山认为，中国人因为一直信奉"知易行难"，害怕因"行"而犯错误，所以畏首畏尾，胆小怕事，非常软弱，所以他想改变国人的观念，力图通过著书立说向他们证明行动要比认知更为容易。杜威则在谈话中主张"在做中学"，强调知行不可分，用工业化的实际效果，来调整民族心理，改造人们的精神状态。杜威和孙中山都是极风趣之人，所以两人见面聊天也充满了欢声笑语，极有趣味。这次会见，对孙中山、杜威的思想都有一些积极作用。

第一次世界大战结束后，美、英、日等战胜国为重新瓜分远东及太平洋地区的殖民地和势力范围，于1921年11月12日至1922年2月6日在华盛顿召开会议，即太平洋会议。当时，中国政治上正处于分裂状态，南北两个政府相互对峙，而会议只邀请了北京政府参加。北京政府的外交能力饱受民众怀疑，上海商会、教育会、全国商业联合会等各团体推选蒋梦麟和余日章两人以国民代表身份参加太平洋会议。为此，蒋梦麟特去征求广州政府领袖孙中山的意见。孙中山欣然同意他们赴美，同时还致电旅美华侨届时对蒋梦麟、余日章一致欢迎。10月15日下午，蒋梦麟和余日章在上海外滩新关码头启程赴美，全国商教联席会议全体代表以及其他团体代表如聂云台、黄炎培、钱新之、陈光甫等人一起为他们送行。蒋梦麟承载着国人的厚重期望登上了去美国的轮船。11月10日，蒋梦麟和余日章到达美国，两人在太平洋会议期间起了重要作用，主要有三个方面：一是调和留美学生会、

蒋梦麟（左一）与余日章前往美国。[1]

---

[1] 图片来源于《申报》1921年10月16日，第14版。

华侨团体代表与政府代表之间的意见；二是与美国政要沟通，兼作舆论宣传；三是向国内公众汇报会议的进展情况。1922年，太平洋会议结束，蒋梦麟取道欧洲，在剑桥大学住了几个星期，经常与徐志摩、罗素、凯恩斯等讨论中国文化问题；回国之时，他拟先到广州复命，并致电孙中山；到香港后，才知道因陈炯明叛变，孙中山在舰上避难无法相见，于是他由香港直接回到了上海。

　　1924年秋，冯玉祥发动北京政变，推翻了"贿选"的大总统曹锟，然后邀请孙中山北上。孙中山为求南北统一，奔赴北京，等孙中山快抵达时，局势又发生了很大变化——冯玉祥已经与张作霖决定，接受段祺瑞进京任中华民国临时政府执政（国家元首），并废除了曹锟宪法，终止《临时约法》和取消国会。孙中山在天津时，蒋梦麟就去张园谒见孙中山，并告知北方政府的情形。孙中山到北平后就一直卧病，1925年3月12日在北平铁狮子胡同顾少川公寓内与世长辞，享年五十九岁。民国失去了一位著名的领袖，蒋梦麟失去了一位故交、朋友、偶像。蒋梦麟引用杜甫咏诸葛亮的两句诗表达他对这位伟大领袖的哀悼："出师未捷身先死，长使英雄泪满襟。"[1]

孙中山奉安大典纪念章的正面和背面。

[1] 钱理群、严瑞芳：《我的父辈与北京大学》，北京大学出版社2006年版，第119页。

杜威来华

《新教育》第1卷第3期杜威号目次。

1919年，受北京大学、南京高师和江苏省教育会等几个团体的邀请，美国实用主义哲学家、教育家约翰·杜威及夫人来华访问。从1919年4月30日到1921年7月11日，杜威在中国住了两年零两个月十二天，足迹遍及十四个省市，大小演讲二百多次，其实用主义思想对20世纪二三十年代的中国教育改革产生了重要影响。

作为杜威的弟子，蒋梦麟对杜威的民主主义思想也很是推崇。在杜威到达中国前夕，蒋梦麟把《新教育》杂志第一卷第三期开设为《杜威号》，专门刊登杜威的文章，为杜威来华造势。他自己则从伦理道德问题出发阐释杜威的实用主义，发表了《杜威之人生哲学》《杜威之伦理学》《杜威之道德教育》等文章。蒋梦麟对杜威伦理学的历史地位、杜威伦理学与王阳明学说的分析比较，以及杜威如何从社会方面与心理方面阐明道德教育等都做了比较深刻的论述。能对杜威的伦理道德哲学做如此深刻的研究，这在当时宣传杜威实用主义思想的文章中并不多见。

1919年4月30日下午，蒋梦麟和胡适、陶行知在上海码头迎接到了他们的导师杜威及其夫人和女儿，并把他们安顿于沧州别墅。5月1日，上海的《民国日报》就报道了杜威抵沪的消息。杜威一家则在蒋梦麟等陪同下，先是参观了申报馆，之后又到了一家比较大的纺织厂，在杜威的坚持下，众人还到车间里转了一下。杜威看到工厂的工作条件很差，而且十岁左右的儿童竟占了大多数，非常感慨。5月2日，胡适在江苏省教育会作了"实验主义要点"的讲演，为杜威在中国讲学的导言。5月3日，杜威在江苏省教育会作"平民主义的教育"的讲演（蒋梦麟担任翻译），拉开了讲学的序幕。杜威的讲演无疑是非常成功的，会场人头攒动，使实用主义教育思想进一步为教育界所了解。5月5日至11日，杜威夫妇又在蒋梦麟的陪同下游览了杭州，杜威在杭州的学校也作了"平民主义的教育"的讲演。其时，因五四运动的爆发，蒋梦麟先离开了杭州。

蒋梦麟虽然受东西方教育的熏陶，对某些西方学说很赞赏，但并非全盘接受，他对中西教育有自己独到的理解，认为中国教育与西方教育有许多一致的地方。他说："从大处着眼，儒家学说，实能适合近世之人文主义（以文化发展人类之幸福）与自由主义（宏量包容）。西欧近世文化之输入中国，儒家学说实为迎宾馆中之主人，任殷勤招待之责。孔子之'学而不厌，诲人不倦''有教无类''因材施教'，孟子之'得天下英才而教育之'及'性善'之说，为清末民初教育界迎接新教育之媒介；孟子之'民为贵，社稷次之，君为轻'，与民治主义之原则相似。其他儒家思想与西洋相类者，实属不少。以已往之所知迎将来之所不知，为知识扩充之门。"[1]

无独有偶，杜威也认为一个国家的教育不应该胡乱摹仿别的国家，他在华讲演时就提到："一切摹仿都只能学到别国的外面种种形式编制，决不能得到内部的特别精神。况且现在各国都在逐渐改良教育的时候，等到你们完全摹做

---

[1] 蒋梦麟著，明立志等编：《蒋梦麟学术文化随笔》，中国青年出版社2001年版，第412页。

1920年，北京大学举行典礼授予杜威名誉博士学位。此为典礼纪念照，右二为蒋梦麟。图片来源于《北京大学校报》2007年12月25日第二版。

成功时，它们早已暗中把旧制度逐渐变换过了——你们还是落后赶不上——所以我希望中国的教育家，一方面实地研究本国本地的社会需要，一方面用西洋的教育学说作一种参考材料，如此做法，方才可以造成一种中国现代的新教育。"[1]

五四运动之后，蒋梦麟去北大"暂代"校长，后出任北大总务长，为杜威在华讲演提供了诸多便利。杜威本来只准备在华待一段时间，后来由于中国学术界的挽留，杜威前后停留长达两年多时间，这是杜威访学史上绝无仅有的。从1919年6月8日开始，杜威先后在教育部礼堂、清华大学、北京大学、北京高等师范学校等作了十六次社会与政治哲学讲演，十六次教育哲学讲演，十五次伦理学讲演，八次思维类型讲演，三次关于詹姆士、柏格森和罗素的讲演。这些讲

---

[1] 袁刚，孙家祥，任丙强：《民治主义与现代社会——杜威在华讲演集》，北京大学出版社2004年版，第671页。

演当时都被人记下来，并发表在《晨报》《新潮》等报纸杂志上，后来这五大系列讲演还被汇编成书，以《杜威五大讲演》为书名由北京晨报社出版。这本书在杜威离华之前就被重版了十次，后来继续重版，每版的印数都是一万册，这些数字对一本学术著作来说是惊人的，由此可见杜威在当时中国社会上产生的轰动效应。[1]

　　杜威在华的讲演给中国思想界带来了巨大的震动，甚至影响了之后中国的学制改革。而蒋梦麟作为杜威的学生，一方面宣传杜威的思想，一方面又将其付诸实践，在日后主持北大改革时也将杜威的思想贯彻其中，不仅为北大的繁荣奠定了基础，同时也为中国的教育事业提供了典范。

　　著名教育家吴俊升对蒋梦麟这样评价道："他在教育部长任内，确定并实行了三民主义的教育政策，以提倡中国固有道德，发扬民族文化为教育宗旨。这在当时是中国教育演进史中一个划时代的改变。在此以前中国教育因为受了

1919年杜威访华时与蒋梦麟（后排左二）、陶行知等合影。
图片来源于邹新明著《胡适画传》。

_____

[1] 张宝贵：《杜威与中国》，河北人民出版社2012年版，第30～31页。

新文化运动以及世界新教育思潮的影响，有偏于尽量西化，忽视民族文化，重视个人，忽视国家，憧憬于世界大同的倾向。国民政府定都南京以后，召开全国教育会议通过了三民主义教育政策，由任教育部长的蒋氏付诸实施。这政策有若干内容诚如一个美国青年学者所感觉的，与蒋氏自美初回时所倡导的师承杜威的新教育理论不免有扞格的地方，可是蒋氏一向对于中国道德伦理取尊重的态度，同时他一向主张国家的独立和安全，应与个人的自由，视时势而得适当的均衡的，三民主义的教育政策，和他的关于教育的大体主张，并不相违背。"[1]

文化"新潮"

辛亥革命之后不久，袁世凯就篡夺了革命政权，并在思想、文化方面掀起了一股尊孔读经的复古逆流。后来，以陈独秀1915年9月15日在上海创刊的《青年杂志》为标志，先进的知识分子在思想界发动了一场批判专制陈腐的封建文化，推崇民主和科学的新文化运动。1916年底，陈独秀受聘担任北京大学的文科学长，更名为《新青年》的杂志也随之从上海搬到了北京。此后，以陈独秀、鲁迅、胡适、丁文江等为核心的强大的新文化阵营逐渐形成，北大也成为新文化运动的中心。活跃在新文化舞台上的还有北大的学子，其代表人物就是傅斯年。傅斯年在五四时期办了一个影响深远的宣传新文化的月刊——《新潮》，与老师们的新主张相呼应。

蒋梦麟归国之后，也开始积极提倡新文化、新思想。但是他对当时如火如

---

［1］吴俊生：《蒋梦麟》，中华学术院：《中国文化综合研究》，华冈出版部1971年版，第526页。

五四时期的陈独秀。

《新青年》杂志。图片来源于《北京大学图史》。

五四时期的傅斯年。图片来源于《北京大学图史》。

傅斯年在五四运动时期创办《新潮》月刊。蒋梦麟后期著作《新潮》就是受此启发。图片来源于《北京大学图史》。

茶的新旧思想文化论争，有着自己独特的坚持。兼受中西文化影响的蒋梦麟，在衡量和评价文化现象时"更可能用一种混合的尺度，一种不中不西，亦中亦西的尺度，或者游移于两者之间"。[1]

　　1919年，五四运动爆发。五四运动既是一次反帝爱国的政治运动，也是一次伟大的思想解放运动。蒋梦麟对这场以青年学生为主体的运动从一开始就非常关注。6月，他在《新教育》上发表《改变人生的态度》一文，对五四运动进行了高度的评价，甚至把它与欧洲的"文艺复兴"媲美。他说：欧洲自文艺复兴以来，科技、民主都取得巨大进步，而中国在这一时期，除了朝代更替，其他各方面没有取得根本进展。他认为，这一切都要从改变态度开始，而五四学生

五四运动中北京大学游行队伍。

[1] 蒋梦麟：《西潮·新潮》，华文出版社2013年版，第104页。

运动正是解放的起点，它可以改变人们做人的态度，"造成中国的文运复兴，解放感情，解放思想，要求人类本性的权利。这样做去，我心目中见那活泼泼的青年，具丰富的红血轮，优美和快乐的感情，敏捷锋利的思想，勇往直前，把中国萎靡不振的社会，糊糊涂涂的思想，畏畏缩缩的感情，都一一扫除"。[1]人生态度究竟应该怎么改呢？他认为要改变人生态度，必须"推翻旧习惯旧思想。研究西洋文学、哲学、科学、美术。把自己认作活泼泼的一个人"，[2]进一步肯定了学习西方科学文化的重要性。

　　为了了解五四运动以后青年学生的思想，1919年蒋梦麟还利用暑假时间前往天津、南京、上海、杭州等城市进行考察。在考察过程中，蒋梦麟与各界人士都进行了会谈，还广泛阅读了各地的出版物。由此，他认为五四之后青年的心态已经发生了许多变化，而这些变化与中国社会的发展有巨大的联系。于是，他在《新教育》上刊发《这是菌的生长呢还是笋的生长》，表达了对青年及新文化运动的希望，他说："一方面把现在的活动，继续做上去，一方面把科学和美术提倡起来，酿成完全的新潮。这是我对于文化运动的希望。这就是笋的生长。将来可成一茂密的竹林。我还有一句话，要诸君注意，这文化运动，不要渐渐儿变成纸上的文章运动；在图书馆、试验室里边，不要忘却活的社会问题；不要忘却社会服务；不要忘却救这班苦百姓。"[3]

　　蒋梦麟对待中西文化的态度是亦中亦西的，但他绝不是调和派。他认为："文化是个有生命的有机体，它会生长，会发展；也会衰老，会死亡。文化，如果能够不断吸收新的养分，经常保持新陈代谢的作用，则古旧的文化，可以

---

[1] 蒋梦麟：《改变人生的态度》，曲士培：《蒋梦麟教育论著选》，人民教育出版社1995年版，第114页。

[2] 蒋梦麟：《改变人生的态度》，曲士培：《蒋梦麟教育论著选》，人民教育出版社1995年版，第115页。

[3] 蒋梦麟：《这是菌的生长呢还是笋的生长》，曲士培：《蒋梦麟教育论著选》，人民教育出版社1995年版，第148页。

更新，即使衰老了，也还可以复兴。"[1]蒋梦麟还用中国文化发展的历史来证明："每次外来文化输入以后，经过相当时间，一定会产生一种新的文化，这就是进步。"[2]因此，蒋梦麟主张积极学习西方文化，并且深信：在不断学习西方文化后，不久的将来，中国的文化会取得新的进步。为此，他还与杜亚泉展开了一场关于思想的论争。

1919年秋，章士钊与《东方杂志》主编杜亚泉鼓吹新旧调和论，批评五四激进主义文化主张，一时产生很大的反响。同年10月10日，蒋梦麟在《时事新报》上发表了《新旧与调和》一文，对调和论进行了批判。他认为"新"是一种态度，"抱这个态度的人，视吾国向来的生活是不满足的。向来的思想，是不能得知识上充分的愉快的。所以他们要时时改造思想，希望得满足的生活，充分愉快的知识活动。他们既视现在的生活为不满足，现在的知识活动为不能得充分的愉快，所以把固有的生活状况，固有知识就批评起来"。[3]提倡新思想，学习新文化就成为必然的选择，如果把提倡新思想的人就认为是"过激派"，显然是对新思想的消极反抗。他进一步指出，在思想的进化过程中"抱新思想的人，渐渐把他的思想扩充起来了。抱旧思想的人，自然不知不觉的受他的影响，受他的感化。旧生活渐渐自然被新生活征服，旧思想渐渐被新思想感化。新陈代谢是进化的道理，自然的趋势，不是机械的调和"。[4]此后，杜亚泉撰文《何谓新思想》，对蒋梦麟文中"新思想"的定义提出了质疑，认为蒋梦麟的关于新思想的解释"确当"，但"实不能成立"，因为"态度非思想。思想非态度。谓思想是态度犹之谓鹿是马耳。态度呈露于外，思想活动于内。态度为心的表示，且常属于

[1] 蒋梦麟：《西潮·新潮》，华文出版社2013年版，第312页。
[2] 蒋梦麟：《西潮·新潮》，华文出版社2013年版，第318页。
[3] 蒋梦麟：《新旧与调和》，曲士培：《蒋梦麟教育论著选》，人民教育出版社1995年版，第131页。
[4] 蒋梦麟：《新旧与调和》，曲士培：《蒋梦麟教育论著选》，人民教育出版社1995年版，第132页。

情的表示。思想为心的作用，且专属于智的作用”。[1]文中还对五四流行的“主张推翻一切旧习惯”的反传统思想进行了批判。其后蒋梦麟于《时事新报》上再撰写《何谓新思想》，反诘杜亚泉的批评，继续坚持“新思想”是走向“进化”方向的态度。对于蒋梦麟的答辩文章，杜亚泉在短评中仍坚持认为“新思想是一个态度”的说法在逻辑上有语病，并且强调，对旧习惯应加以批评，不能不加批评而盲目推翻。杜亚泉曾经于1918年与陈独秀展开了中西文化的论战，这次与蒋梦麟的新旧思想论争可以说是中西文化论战的继续，是又一次新旧思想文化的激烈碰撞。应该说蒋梦麟这种“进化”取向的文化态度是五四新思潮对待新旧文化的“共同精神”，在当时具有积极意义。

　　蒋梦麟还非常重视人的个体的价值。1919年2月，他在《教育杂志》第十一卷第二期中发表了《个性主义与个人主义》，指出个性主义是“以个人固有之特性而发展之，是为近世教育学家所公认，教育根本方法之一”；个人主义则是“使个人享自由平等之机会，而不为政府社会家庭所抑制”。[2]而共和体制的国家，应该尊重个人的价值，提倡国家与个人的相互促进。通过文化教育，“发展个性，养成特才，则文化得以发达”，通过国家制度，保障国民之自由平等，中国社会的基本问题就有望得到解决了。总之，“吾国文化，较诸先进之国，相形见绌。吾人其欲追而及之乎，则必养成适当之特才。欲养成适当之特才，非发展个性不为功”。[3]

---

[1] 伧父：《何谓新思想》，《东方杂志》第16卷第11号，1919年11月。
[2] 蒋梦麟：《个性主义与个人主义》，曲士培：《蒋梦麟教育论著选》，人民教育出版社1995年版，第75页。
[3] 蒋梦麟：《个性主义与个人主义》，曲士培：《蒋梦麟教育论著选》，人民教育出版社1995年版，第76～77页。

蒋梦麟一生游走于"中学"与"西学"之间，对于东西方文化的优劣有比较客观、深刻的体悟。他对思想解放意义的强调，对学习西方科学、文化的倡导，以及对个性、民主思想的提倡，都是在中西文化批判、比较的基础上做出的理性选择，这些都有力地配合了当时的新文化运动。

四　北大功狗

暂代北大校长
时的蒋梦麟。

　　在北京大学五十二周年纪念会上，傅斯年说，蒋梦麟先生学问不如蔡元培先生，办事却比蔡先生高明。蒋梦麟笑着说，蔡元培是北大的功臣，而他自己是北大的功狗。[1]

临危受命

　　北京大学的前身是创办于1898年的京师大学堂。辛亥革命后，京师大学堂改称北京大学，由严复出任校长。严复积极改革北大，努力推进学校向近代大学转变，但因与教育部不和，被迫请辞。之后，北京大学依旧停留在旧式大学的水平上，学生学习只为混文凭，以求将来能做官、发财，教员也敷衍了事。1916年，因北大教

严复（1854～1921），福建侯官（今福州）人。著名启蒙思想家、翻译家、教育家。1902年受聘为京师大学堂译书局总办。1912年2月出任京师大学堂总监督，5月改任北京大学首任校长。

[1] 蒋梦麟：《西潮·新潮》，华文出版社2013年版，第344页。

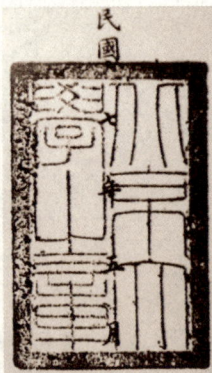

北大印模（1918）。图片
来源于《北京大学图史》。

蔡元培（1868～1940），浙江绍
兴人。著名教育家、思想家、民主主义
革命家。曾任翰林院编修、京师大学堂
译学馆教习、中华民国临时政府教育总
长。1916～1927年任北京大学校长。

授马叙伦等的推荐，教育部任命蔡元培为北京大学校长。由于北大的名声，当
时很多人都劝蔡元培不要就职，蔡元培怀着"我不入地狱谁入地狱"的信念，
毅然决定北上接任。蔡元培到北大后便开始了大刀阔斧的改革，一方面，实行
"思想自由、兼容并包"的办学方针，不拘一格地招揽人才，使北大教师队伍出
现流派纷呈的局面；另一方面，改革北大的学制和管理体制，如创办研究所、
实行教授治校、开放女禁等。经过蔡元培的全面改革，北大彻底改变了以前的
面貌，成为一所真正意义上的现代大学。

在蔡元培担任北大校长期间的1919年到1926年，蒋梦麟一直协助蔡元培管
理北大。其间，蔡元培几度因故辞职离校，都是蒋梦麟代理主持校务。

1919年5月4日，五四运动爆发，部分学生被捕，蔡元培为营救被捕学生奔
走呼号。待被捕学生悉数获释，全体学生照常上课后，蔡元培于5月8日提交辞
呈，辞去北京大学校长之职，并于次日悄然南下杭州。临行在报上登了一个通
告，引《白虎通》里的几句话："杀君马者道旁儿，民亦劳止，汔可小休。"

5月7日，经各方营救，学生获释。图为北大师生欢迎被捕学生归来留影。

他在辞职书中说：

窃元培自任国立北京大学校长以来，奉职无状，久思引退。适近日本校全体学生又以爱国热诚，激而为骚扰之举动，约束无方，本当即行辞职；徒以少数学生被拘警署，其他学生不忍以全体之咎归诸少数，终日皇皇，不能上课，本校秩序，极难维持，不欲轻卸责任，重滋罪戾。今被拘各生业已保释，全体学生均照常上课，兹事业已告一段落。元培若再尸位本校，不特内疚无穷，亦大有累于大总统暨教育总长知人之明。谨竭诚呈请辞职，并已即日离校。一切校务，暂请温宗禹学长代行。敬请总长呈请大总统简任贤者，刻期接任，实为公便。[1]

蔡元培的离职无疑在教育界抛下一枚重磅炸弹，社会各界纷纷挽留。5月9日，北大召开全体教职工大会，选举出八位代表前往教育部请求挽留蔡元培。

---

[1] 王世儒：《蔡元培先生年谱》（上），北京大学出版社1998年版，第254页。

同时，北大学生召开代表大会，决定以北大全体学生名义请政府出面挽留蔡元培。5月10日，北京各校联合上书政府，请求挽留蔡元培，并选出二十七位代表前往天津寻找蔡元培未果，之后他们又派出四位代表南下寻找。5月11日，北京中等以上学校学生联合会上书请求挽留蔡元培。5月13日，教育总长傅增湘接见学生代表，并率领学生拜见钱能训总理，总理表示愿意挽留并发出电文。5月14日，总统徐世昌下令挽留蔡元培，并派人赴杭州请其复职。5月15日，《申报》刊出全国和平联合会等纷纷挽留蔡元培的电文。

关于蔡元培的突然离职，社会各界对其辞职理由显然并不相信，于是纷纷撰文进行分析、揣测。暂且不论蔡元培离职的真正原因，单单这一行为已经产生了重大的社会影响。学生开始罢课游行，各方面竭力挽留，此时的蔡元培很难再继续"隐居"下去了。5月20日，蔡元培致电徐世昌政府："奉大总统指令慰留，不胜愧悚。学生举动，逾越常轨，元培当任其咎。政府果曲谅学生爱国愚诚，宽其既往，以慰舆情；元培亦何敢不勉任维持，共图补救。谨陈下悃，伫候明示。"[1]

从蔡元培的电文可以看出，如果政府不再追究学生运动，他就会返回北大。5月21日，国务院和教育部同时发表电文，表示政府对学生并无苛责之意，希望蔡元培可以尽早回京主持校务。但5月26日，蔡元培最终还是电告国务总理和教育总长"卧病故乡，未能北上"，拒绝回京复职。究其原因，一方面是政府的做法和其言论并未一致，据《申报》报道，5月19日，各学校学生罢课，政府严令训诫；5月22日，国务院认为芜湖暴动情况是因为政府对北京学生行动处置太过宽松的结果，请求从严处置；5月23日，政府命令北大限三日内复课，并以解散学生会、武力强迫复课相威胁；5月25日，政府严令制止散发传单、集众游行、演讲。另一方面，蔡元培因五四运动时对学生运动有一种"成见"，以为学生在学校，应以求学为最大目的，不应该有任何政治组织，学生可以以个人名义

---

[1] 高平叔，王世儒编注：《蔡元培书信集》（上），浙江教育出版社2000年版，第415页。

参加政治团体，但不必牵涉学校。因此曾经阻拦。[1]五四运动成功后，他也预料到学生们必然会被成功所陶醉，也就更加难以管理了。

蔡元培的辞不赴命更加剧了学生对政府的不满情绪。学生们不断罢课游行，商人也开始罢市。6月1日，北洋政府为曹汝霖等三人进行辩护，并下令查禁学生组织。这一举措激化了学生们的愤怒情绪，他们从3日开始进行新的大游行。与此同时，军警也不断进行镇压，并逮捕诸多学生。愈镇压愈游行，愈游行导致愈多的学生被捕，至5日，已有近千名学生被逮捕，而更多的学生开始主动要求入狱，遭到军警的残酷镇压。北洋政府的这一举措引起了全国各界的强烈不满，上海、唐山等地接连进行罢课罢市来声援北京，这次运动涉及二十多个省份。

蔡元培离职前期，北洋政府曾内定马其昶为校长，但最终没能实现。之后，温宗禹一直代理校长，处理学校事务。1919年6月6日，北洋政府任命胡仁源为北京大学校长。胡仁源深得蔡元培的器重，时任北大工科学长，也曾代理过校长，论资格是非常适合校长之职位的，但在当时情形下，校长之职已非简单的职务任免，而是上升到爱国运动的层面，并逐渐演变为学生与政府间斗争的砝码。

6月7日，北大教职员举行会议，一致不承认胡仁源为北大校长。同时，学生代表也拜访胡仁源劝其不要就职。6月15日，在巨大的社会压力下，胡仁源被调部任事。同时，政府和教职员、学生联合推选出代表赴浙江请蔡元培回京重掌北大。但蔡元培因身体不适，闭门谢客，并在20日以"卧病经旬，近又加重。即愿忝颜北上，亦且力不从心"为由，再次请辞。

胡仁源。

---

[1] 崔志海编：《蔡元培自述》，河南人民出版社2004年版，第124页。

此时，北洋政府已作出让步，学潮也稍有平息。6月8日，被捕学生被释放。6月10日，曹汝霖等三人的职务被罢免。12日，徐世昌发电辞职，内阁阁员也一同辞职。16日，中华全国学生联合会成立，要求政府拒绝在巴黎和约上签字。6月28日，出席巴黎和会的代表们拒绝在《凡尔赛和约》上签字。之后，学潮逐渐得到平息。

在6月28日之前，蔡元培曾致信蒋梦麟表示有回校之意。时逢北京方面的代表、北京医药专科学校校长的汤尔和抵达杭州，汤尔和与蔡元培要好，在汤尔和的劝说下，蔡元培答应重新回到北大。7月9日，蔡元培致电教育部长及北京学生联合会，表示只要胃病痊愈就北上复职。7月10日，《申报》刊登蔡元培电文如下：

仆出京以后，宿疾屡发，本拟藉此息肩。乃叠接函电，并由方、杨、朱、许、蒋、李、熊、狄诸君代表备述诸君雅意；重以各方面责望之殷，已不容坚持初志。惟深望诸君亦能推爱仆之心，有所觉悟；否则教育前途，必生障碍。非特仆难辞咎，诸君亦与有责焉。

汤尔和。

7月11日，蔡元培会见学生代表并询问北大校务及学生状况。7月14日，蔡元培与蒋梦麟、汤尔和共进晚餐，并商议决定由蒋梦麟先行代其到北大处理校务。蒋梦麟随即与汤尔和及学生代表一同出发，于21日到达北京。

为什么是蒋梦麟代表蔡元培去北大复职呢？

其一，汤尔和的周旋。汤尔和是蔡元培的旧友，十分了解蔡元培。蔡元培当初辞职时的义正词严，甚至隐匿行踪，时隔两个月，就答应回北大，于情似乎不妥。于是汤尔和建议蔡元培可答应复职但不马上回京，而派蒋梦麟临时进京，处理事务。而当时蒋梦麟正忙于《新教育》的事情，对此汤尔和亦出主意，答应蒋梦麟可以"兼顾"。除此之外，汤尔和力排其他人的反对意见，为蒋梦麟的暂代做好铺垫。

其二，蒋蔡之间的亲密关系。首先，蒋梦麟和蔡元培是同乡，并且是师生。其次，他们都与孙中山、胡适等有密切的联系。蔡元培与孙中山关系深厚，是孙中山的得力助手，蒋梦麟与孙中山也私交甚密。此外，胡适自1917年被聘为北大教授后，一直与蔡元培保持联系，在蔡元培因五四事件辞职后，北大的许多校务也是由胡适帮忙处理，而胡适与蒋梦麟都师承杜威。再次，蒋梦麟留学归来后，在上海创办《新教育》杂志，许多北大教授亦参与其中，《新教育》的创刊宗旨符合蔡元培的教育理念，因此蔡元培也多次为《新教育》杂志撰稿。最后，蒋梦麟与蔡元培在五四运动时期联系异常紧密。从《蔡元培日记》可以看出，在蔡元培辞去北大校长后，他与蒋梦麟几乎每天都有来往，从某种程度来说，蒋梦麟在五四运动之后是蔡元培与外界交流的传声筒。

其三，北洋政府的默认。在蒋梦麟等北上之时，蔡元培就致函教育部，请求蒋梦麟代替自己前往北大。北洋政府此时已经被学潮扰乱了秩序，只求能尽快恢复学校秩序，所以就在8月2日发布命令，准许蒋梦麟代表主持校务，并将公事图章等交给蒋梦麟，一切公牍也由蒋梦麟签发。因此，蒋梦麟的代理就具有了法律意义。

其四，北大师生们的认同。7月23日，蔡元培在《北京大学日刊》上发布启事：

> 元培因各方面督促，不能不回校任事。惟胃病未瘳，一时不能到京。今请蒋梦麟教授代表，已以公事图章交与蒋教授。嗣后一切公牍均由蒋教授代为签行。校中事务请诸君均与蒋教授接洽办理。[1]

---

[1] 蔡元培：《校长启事》，《北京大学日刊》第421号，1919年7月23日。

同时，为了更好地稳定学生情绪，促使其专心读书，也为了蒋梦麟可以更好地管理北大，蔡元培同日发表《告北大暨全国学生书》，其中提出：

> 夫所谓"教育原状"者，宁有外于诸君专研学术之状况乎。使诸君果已抱有恢复原状之决心，则往者不谏，来者可追，仆为教育前途起见，虽力疾从公，亦义不容辞。读诸君十日三电，均以"力学报国"为言，勤勤恳恳，实获我心。自今以后，愿与诸君共同尽瘁学术，使大学为最高文化中心，定吾国文明前途百年大计。诸君与仆等，当共负其责焉。[1]

蔡元培的电文，尤其强调学生要以学术为中心，恢复五四之前的原状。一方面是促使学生钻研学术，另一方面也有助于学校的管理。而在学生看来，

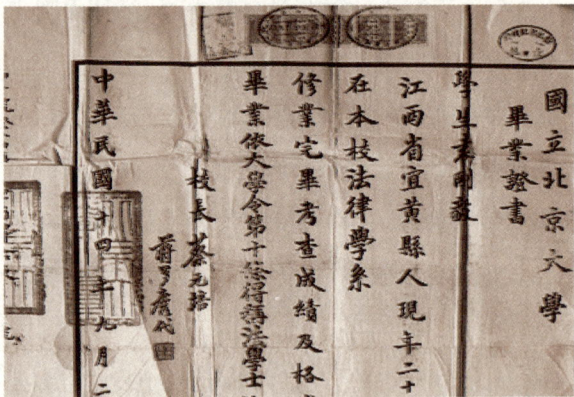

民国十四年北大毕业证书，印证蒋梦麟履职。[2]

五四运动已经取得了成果，蔡校长也已答应回校，只是因为身体状况而令蒋梦麟暂代，这也是可以理解的。于是，蒋梦麟的"暂代"就正式开始了，同时受聘为北大教育学教授。

---

[1] 蔡元培：《告北大学生暨全国学生书》，《北京大学日刊》第421号，1919年7月23日。
[2] 中国新闻网http://www.chinanews.com/tp/2012/02-29/3708728.shtml

北京大学第一院（文科校区）红楼。图片来源于《北京大学图史》。

暂代北大

　　虽然蒋梦麟代理北大校长得到了各方面的认同，但要真正去掌管这所最高学府，蒋梦麟还是比较谨慎。北大此时刚刚有所平静，各项工作都并未恢复原状，学生的情绪也容易激动，稍有不慎就可能会再次引发学潮。此外，蒋梦麟自留学回国后，从未直接参与过学校管理工作，如今要直接去管理一所最高学府，更是不知如何下手。但蒋梦麟对五四学生运动还是了解的。五四运动爆发时，蒋梦麟正陪杜威在江苏省教育会做讲演。五四运动爆发后，蒋梦麟曾发表《改变人生的态度》，提出他关于五四运动的看法。可以看出，蒋梦麟对于五四运动是相当支持的。但学潮的发展超出了他的预期，也暴露了

暂代北大校长时的蒋梦麟。

一系列的问题。5月24日，蒋梦麟致信胡适，说："我们教育失败，今日现出短处来了。学生天天受读书的教训，到真事体出来，在书册里找不到，他们就不知怎么办才好。"[1]之后，学潮愈演愈烈，整个社会也陷入了动荡之中。6月13日，蒋梦麟致信胡适："学潮已告一段落，以后不知道什么样？上海因工人相继罢工，危险极了，几乎闹大乱子。我吃了不少苦，倦极了。昨晚警报来，谓学生被巡捕打死了几个，使我悲痛了一晚。次早方才知流弹打死的系旁人，非学生，我才放心。……中国中国，你若要翻身，还要做大大儿的一番苦功呀！"[2]同时，他致信罗家伦："此后吾人但抱定宗旨，信仰唯学可以为人，唯学足以救国，毁誉成败等浮云耳。"[3]

7月21日，蒋梦麟到达北京。23日上午，北大召开欢迎会，蒋梦麟在大会上致辞云：

---

[1] 蒋梦麟：《致胡适》，曲士培：《蒋梦麟教育论著选》，人民教育出版社1995年版，第110页。
[2] 中国社会科学院近代史研究所，中华民国史研究室编：《胡适来往书信选》（上），社会科学文献出版社2013年版，第40页。
[3] 蒋梦麟：《致罗家伦》，曲士培：《蒋梦麟教育论著选》，人民教育出版社1995年版，第116页。

　　诸君因爱蔡先生而爱梦麟，梦麟诚不胜其感激。此次诸君领袖全国，为爱国之运动，不但国人受诸君之感动而敬崇诸君，即世界各国亦必对于诸君而起其敬心。然则诸君此次之表示，为有价值的，已不待言。诸君对于蔡先生望其即日回校，蔡先生为最肯负任者，岂有不允回校之理，惟今日病犹未愈，若因回校而病转剧，岂非为欲负责反弗克负责乎？此蔡先生之所以不即来也。诸君须知先生为完全平民，无论何人，皆平等视之。故南方有谓蔡先生之去大学，大学生当如失父母者。蔡先生即答云："大学生皆能自治者，固不同子女之于父母，必待督率而后无失也；故予于大学生非父母可比，不过为大学生之兄弟耳。"此次梦麟到杭，蔡先生即约予往谈，云有事托我，至则语我云："大学生皆有自治能力者，君其为我代表到校，执行校务，一切校务，一切印信，皆由君带去，责任仍由我负之。"蔡先生既以代任校务委我，我即以二事求其承认：（一）代表蔡先生个人，非代表北京大学校长。（二）予仅为蔡先生之监印者。蔡先生一一承认，且以三事语我：（一）各界代表之至杭者日数次，迄未答谢，请君代表我而致谢各界。（二）代表我有回校之决心。（三）大学责任，我愿完全担负之。又云"自今以后，须负极重大之责任，使大学为全国文化之中心，立千百年之大计。"由此观之，蔡先生之精神果何如者。予因受蔡先生之委托，遂即日离杭州，心念蔡先生之学识，假以岁月可及也。而蔡先生之精神则不可及也。昔孔子以有温良恭俭让五种美德，于各国政治因能洞悉；蔡先生亦具有美德，故每至一地，于当地事，人无不乐告之。吾等则不能，此蔡先生之精神足以感动人也。蔡先生极喜音乐，以其能起人之感且能收各部发达效果之故，又极好宗教，有谓其反对宗教者，误也，不过蔡先生于宗教之误谬处，不肯赞同耳。即此数端可见蔡先生之无所不容，又因其主张平等且有人不可及之精神，故蔡先生愈为国人所欢迎。此次五四运动所以能感动全国、感动世界，即此精神不知不觉灌入诸君脑海之效果。故做事时，困难不成问题，危险不成问题，所患的无此精神耳。倘能利用此种精神而使其益扩益勃，将来必收良好效果，否则五十年或百年后必感痛苦也。诸君皆知西洋文化发源地为希腊、西伯来、罗马,实则西洋今日之文化皆受亚里士多德、柏拉图、苏格拉底、亚修几多人之赐,苏亚二氏之讲演多注重平民,虽二氏以此而死,然其影响于社会者固甚大也。而罗马卢氏之法典亦为欧洲各国所依据,厥后斯宾塞耳、达尔文等出,一时思想科学社会皆为之一新,可知文化增进之重要。当法之围困德国时,有德人飞吉推致书其国民曰"增进德国之文化以救德国"。国人行之,遂树普鲁士败法之基础。故救国当谋文化之增进,而负此增进文化之责者,聿有学生。予在沪时曾对友人云:"不可天天补缀破衣裳,应当做一件新衣裳",现在国人皆为救国之运动,希谋文化之增进,终究是破衣裳要天天去补缀耳,深望诸君本自治之能力,研究学术,发挥一切,又须养成强健之体魄,团结之精神,以便将来改良社会,创造文化,与负各种重大之责任。总期造成宝星,照耀全国,照耀亚东,照耀世界,照耀千百年后中国前途庶其有豸耳。[1]

　　蒋梦麟在致辞中大力表彰蔡元培,并一直强调自己是受蔡元培的委托"暂代"北大。蒋梦麟的谦虚也使得他日后在北大的工作得以顺利进行。7月24日,蒋梦麟便出席北大评议会,并报告蔡元培对下学年招考新生、补行毕业实验等的意见。7月25日,教育部令蒋梦麟代表蔡元培主持校务。7月29日,蒋梦麟在北京中等以上学校教职员联合会上代表蔡元培感谢北京学界为维护教育事业所做的努力。蒋梦麟当初在美国留学的时候,就将教育看作是拯救国民的重要途径,如今他可以直接参与到教育实践中,实现自己的教育救国理想,也算是得偿所愿。

　　虽然北大的学潮逐渐平息,但依旧不平静。7月28日,北大的学生因相互发生冲突而被捕,且在狱中未得一食。同时,一些关于蔡元培的流言蜚语也开始到处流传。7月30日,北京中等以上学校教职员联合会希望司法当局可以和平了结,并由北大自行决定。如果此事不能处理好,可能会再次引发学潮,于是蒋梦麟一面

---

[1]《蒋梦麟在北大欢迎会之演说》,《申报》1919年7月28日,第6版。

力辟谣言，一面看望同学，消除不满，尽力化解此事。[1]

在蒋梦麟的悉心管理下，北大慢慢又走上正轨，且之前各年级没有举行的学行实验及完全毕业实验也逐步开展。关于蒋梦麟在北大的措施，8月18的《申报》进行了详细报道：

> 北京大学自蒋梦麟博士到京后，学生方面备极欢迎，教育部亦早已承认其代理校务。故蒋连日已与各科专任教员接洽一切进行事宜。在文科一部分多与胡适之公同计划，理科一部分多与秦汾公同计划，法科则仍依旧学长王建祖主持，蒋不过略总其成而已。外人不明内容，往往谓蒋氏不能统一校务，各事颇感困难。其实蒋氏眼光最注重于文理两科，因蒋来实行本科新制时此二科实居中坚地位也，现在法科在北大全部中颇属重要科目，较繁，人数亦众，规模既具，本无取乎多所更张，蒋氏所以不复严加监督者，盖认该科已有健全自立之资格也，目下所有旧教员，无论专任兼任，一切无变动，职员亦然。此一层蒋氏已代表蔡校长向众宣言矣。[2]

蒋梦麟虽然是暂代北大，但依旧怀着破釜之心，尽心竭力。他曾就自己在北大的近状致信好友张东荪：

> 你的来信，适之交我读了。我实在忙得不了，所以没有信给你。现在承你询问，我不得不抽出一点功夫，与你谈谈。我二十一日到北京以来，吃了不少的苦。好像以一个人投在蛛网里面，动一动就有蛛子从屋角里跳出来咬你。唉！若无破釜沉舟的决心，早被吓退了。人人说市中有虎，我说我任凭虎吞了我就罢了；没有吞我以前，我不妨做些做人应该做的事。我记得王守仁有句话："东家老翁防虎

---

[1]《纪北大学生被捕事》，《申报》1919年8月1日，第7版。
[2]《北京大学之近讯静观》，《申报》1919年8月18日，第6版。

患，虎夜入室衔其头；西家儿童不识虎，执策驱虎如驱牛。"我又记得《四书》里有句话："不忮不求，何用不臧？"我本了这个精神，向前奋斗；过了半月，诸事已有端倪。我对于校内校外帮我忙的人，终身感激他们——他们不是帮我的忙，是帮中华民国的忙。现在大学里面，教务事务都积极进行，新生取了四百人，上海投考的结果亦已揭晓，取了九十一人。下半年的课程，已经起首安排。教职员方面，精神一致；都天天兴高采烈的做事。你若来看一看，必以为大学这回并没有经过什么风潮。学生方面更不必说了，这班青年，个个是很可爱的。并不是说空话，我实在爱他们。他们对我说，此后他们要一心尽瘁学术，定要把这个北大成了中国的文化最高中心；这班青年的眼光，是很远的。我有一句话，要给在上海的诸位先生讲。北大学生是全体一个精神的，并没有分迎甲迎乙的派别。这番"小孩子打架"，是十几个可怜的青年闹出来的。内中有毕业生，有休业生，也有几个大学生。这种"小孩子打架"，本不足惊动中华民国的法庭，但既承法庭代学校训练学生，我们也只好服从法律。你知道法庭是独立的，这个意思我们大家要尊重的。但我希望这个问题早日解决；学潮方息，别要另生枝节。我心里对于在图圄中的学生，十分抱歉。现在我心中耿耿不安的就是这事。从教育的眼光看来，教训青年的地方，是在山林花草鸟鸣虫嘶的天然景内，不在臭虫跳蚤的图圄内。你想这句话对不对？我已面托教育部长傅沼香先生在西山的地方为大学多觅些地，以备将来把北大迁到西山去，使青年日日在天然景内涵养其身心精神。傅部长允为竭力去做。我们意思最好请清室把圆明园送给北大，这园有四里阔，六里长，有山有泉，是最好的地方。你所抱的"新村"思想，在这个园附近建设好么？蔡先生对于大学百年大计，如能在这个地方来实行，真是中华民国的大幸了。我事很忙，今日星期，本来要休息；因为你有信来，我只好把我休息的时候牺牲了，来写这信。请你将这信给上海的几个朋友看看，省了我再写信。我就感谢你不尽。[1]

---

[1] 蒋梦麟：《北京大学的近状致张东荪的信》，曲士培：《蒋梦麟教育论著选》，人民教育出版社1995年版，第121～122页。

1920年3月14日，蒋梦麟等在北京西山卧佛寺合影。左起蒋梦麟、蔡元培、胡适、李大钊。图片来源于《北京大学图史》。

从蒋梦麟的书信中不难看出，他不仅对北大眼前的事情尽心尽力，同时对北大以后的发展方向也作了规划。而北大也在蒋梦麟的领导下，从学潮后的动荡重新回归平静，学校的各项工作也有条不紊地开展着。其后蔡元培于9月20日回到北大复职。蔡元培回到北大之后，蒋梦麟便完成了"暂代"的任务，他一方面协助蔡元培处理教务，一方面进入哲学系教授教育学的课程。

革新北大

蒋梦麟自回国后就一直关注教育，通过北大期间的短暂实践，思想得到了进一步提升。1919年9月，他在《新教育》上发表《托尔斯泰的人生观》，对理性生活与肉体兽性生活的区别进行了阐述，并强调理性生活"是博爱，是服务，是忘却自己，是互助，是不畏死的"。[1]此外，在同一期《新教育》上，他又发表了《新文化的怒潮》，认为新文化运动的目的在于将中国社会中的污浊清洗干净，打造一个光明的世界。他提出青年应该是富于感情，富于思想，富于体力，活泼泼的一个人；应该用活泼泼的能力来探讨各种学术；应该将自己宝贵的光阴用于各种活动中；应该抱有高尚的理性，并为之奋斗；应该有互助的精神，提高团体的觉悟。

1919年9月底，蒋梦麟因事返回南方，至11月初回到北大。在此期间，蒋梦麟提出不少有关教育的见解，他于10月10日在《时事新报》上发表《新旧与调和》，赞扬了新思想与新派，提出"新"是一个态度，是丰富生活、充实知识的重要环节；又在《新教育》上发表《学生自治》；在上海期间，也进行了多次学术讲演，其中在《什么是教育的出产品》中，提出"教育要培养出一个人，必须具备三个条件：活泼的人、可以改良社会的人、能生产的人"。蒋梦麟的这一系列思想也是他后来改革北大的指导方针。

在1919年之前，蔡元培已经为北大进行了一系列改革，包括调整学科、沟通文理等，他的主导方针就是"思想自由，兼容并包"。在1919年重返北大之时，蔡元培就表示"我初到北京大学，就知道以前的办法是一切校务都由校长与学监主任、庶务主任少数人总理，并学长也没有与闻的。我以为不妥，所以第一步组织评议会，给多数教授的代表议决立法方面的事；恢复学长权限，给他们分任行政方面的事。但校长与学长仍是少数，所以第二步组织各门教授会，由各教授与所公举的教授会主任分任教务。将来更要组织行政会议，把教务以外的事务，均取会议制。并要按事务性质，组织各种委员会来研讨各种事务。照此办法，学校的内部，组织完备，无论何人来任校长，都不能任意办

---

[1] 蒋梦麟：《托尔斯泰的人生观》，曲士培：《蒋梦麟教育论著选》，人民教育出版社1995年版，第127页。

事"。[1] 作为蔡元培的支持者，同时也为了实现自己"教育救国"的理想，蒋梦麟一直积极参与改革。之后，蔡元培请蒋梦麟为北大改革通盘计划设计方案，蒋梦麟毫不犹豫就答应了。

但在蒋梦麟刚着手改革北大之际，却发生了一件不幸的事情——北京大学法律系的学生林德扬投溪自杀。五四运动发生时，林德扬正在山上养病，得悉消息立刻下山，抱病维持新闻股和国货维持股的工作，还帮忙编撰传单，写文章倡导国货。随后，他认为只有发展实业才能救国，就开设了北京第一国货店，但仅仅半年时间，他的心血就付之东流。林德扬因此受到巨大打击，病情也不断加剧，最后于1919年11月16日结束了自己的生命。

林德扬的自杀在社会上造成了巨大的反响。蔡元培、李大钊、陈独秀等人纷纷发表看法。罗家伦撰文《是青年自杀还是社会杀青年》，认为是社会逼迫他自杀。蒋梦麟也在《新潮》第二卷第二号上发表《北大学生林德扬君的自杀——教育上生死关头的大问题》，明确反对青年的自杀，希望青年可以珍惜生命，以乐观的心态看待人生。[2] 其实早在1919年10月，蒋梦麟就已经觉察到五四运动以后学生心态的变化，他曾在《新教育》上发表的《学潮后青年心理的态度及利导方法》中就分析了青年心态在五四运动前后发生的变化，认为五四运动以后青年们对他们当前的生活都不满足了，并且对社会上的习俗也开始怀疑，希望能建立一个新的人生观。针对这些问题，蒋梦麟也曾提出了一些借鉴措施：鼓励学生自治、给学生思想自由的计划、帮助学生研究社会问题以及丰富学生的生活。[3] 林德扬的自杀一定程度上反映了五四运动以后一部分学生的心态，也为北大以后的改革提供了教训。

1919年12月3日，北大评议会通过《国立北京大学内部组织试行章程》，正

──────────────

[1] 蔡元培：《蔡元培全集》（第3卷），浙江教育出版社1997年版，第693页。
[2] 蒋梦麟：《北大学生林德扬君的自杀——教育上生死关头的大问题》，《新潮》第2卷第2号。
[3] 蒋梦麟：《学潮后青年心理的态度及利导方法》，《新教育》第2卷第2期。

式开始新的改革。12月8日，蒋梦麟被委任为总务长兼文牍、会计部主任。

北大本着教授治校的宗旨设立了评议会、行政会议、教务会议、总务处。评议会司立法，行政会议司行政，教务会议司学术，总务处司事务。

一、评议会

评议会为全校最高的立法机构和权力机构，校长为当然评议长。 1919年10月21日，北大评议会通过《评议会选举法》，规定：（一）不分科亦不分系，但综合全校教授总数互选五分之一；（二）此外加入教务长、庶务主任、图书馆主任、仪器室主任，但无表决权。[1] 10月25日，评议会进行选举，选举出胡适、蒋梦麟、马叙伦、马寅初、沈尹默等十六名教授为评议员。[2]

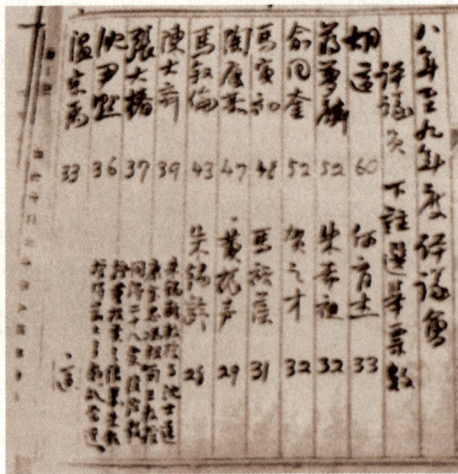

民国八年至九年度评议员选举票数，其中胡适、蒋梦麟所获票数名列第一、第二。图片来源于《北京大学图史》。

---

[1] 王学珍等：《北京大学纪事1898～1997》，北京大学出版社2008年版，第100页。
[2] 王学珍等：《北京大学纪事1898～1997》，北京大学出版社2008年版，第100页。

　　为了更好地协助校长处理学校事务,评议会议决成立组织委员会。组织委员会系临时机关,所推定的委员为蒋梦麟、俞同奎、顾孟余、陶履恭、胡适、马叙伦、黄右昌、陈世璋、沈士远九人,各委员又推定蒋梦麟为委员长,主持北大改革的具体事务。按照规定,评议会主席为校长,如果校长不能出席时,则由委员长出席。之后几年时间,蔡元培经常不在学校,北大的各类事务多由蒋梦麟主持。组织委员会讨论通过了多项决议,其中对《国立北京大学内部组织试行章程》先后讨论了四次,于12月3日通过。《国立北京大学内部组织试行章程》决定设立行政会议、教务会议及教务处、总务处,协同管理学校事务。

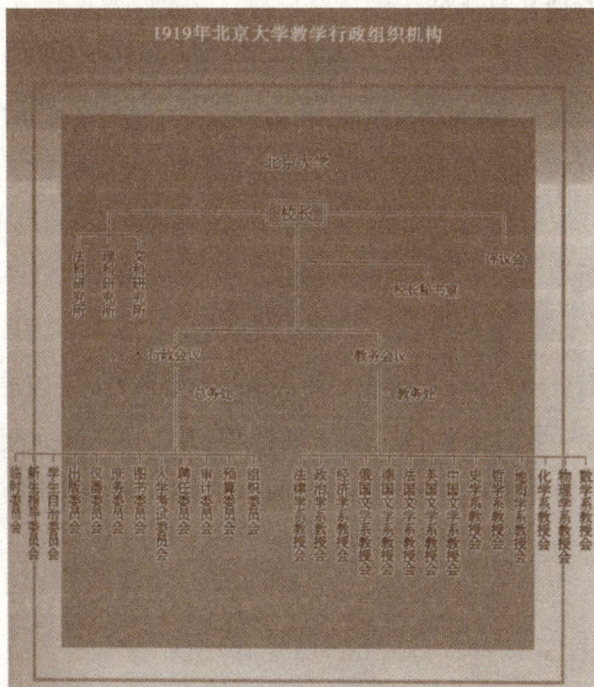

1919年北京大学的教学行政组织机构图表。

二、行政会议

行政会议为全校最高的行政机构和执行机构,负责组织实施评议会议决的事项,下设各种委员会分管各类事务。行政会议及各委员会的委员由校长推举,经评议会通过,一半采取民主的意见,一半采取行政的手段。当时的专门委员会有:庶务委员会、组织委员会、学生自治委员会、出版委员会、预算委员会、审计委员会、图书委员会、仪器委员会、聘任委员会、入学考试委员会、新生指导委员会。

三、教务会议及教务处

教务处司学术,由教务会议组织,由各系主任互选教务长一名,统管全校的教务工作,任期一年。

四、总务处

总务处总管全校的人事和事务工作,总务处的总务委员会规定每星期一开会一次。北大第一院的总务行政归总务处管理,第二、第三院的则由各院总务处办公处管理,其中日刊、文牍、会计最为重要,故不属各部而直接隶属于总务处。[1]

---

[1] 《北京大学总务处设置》,《申报》1920年3月29日,第6版。

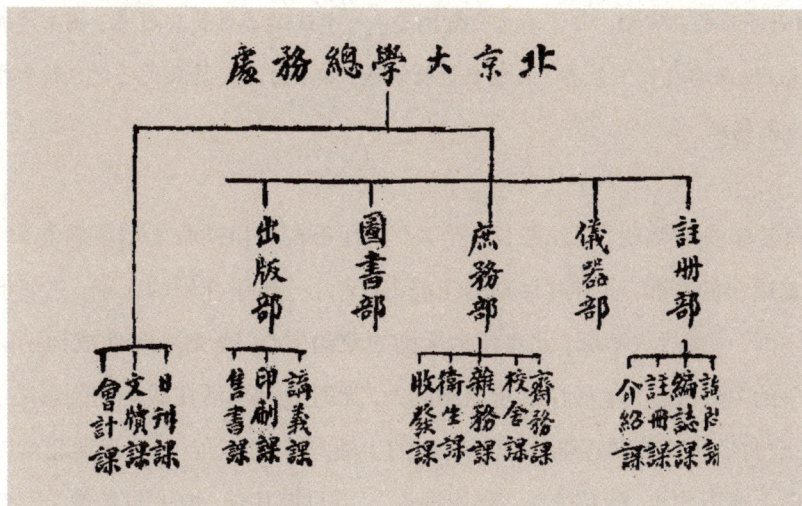

北京大学总务处组织设置。图片来源于《申报》，1920年3月29日。

《国立北京大学内部组织试行章程》颁布后，北大的改革有了理论的指导，北大的改革在当时引起了社会的巨大反响。1920年2月23日《申报》报道：

> 西谚云，旧壶不能盛新酒，北大为新思潮发生地，既有新精神，不可不有新组织，犹有新酒，不可不造一新壶。……
>
> 欧洲大学组织有得模克拉西之精神而乏效能美洲大学，反之北大合欧美两洲大学之组织，使效能与德模克拉西并存，诚为世界大学中之最新组织……
>
> 职员名单如下：教务长陶履恭，总务长蒋梦麟，数学系主任冯祖荀，物理学系主任何育杰，化学系主任俞同奎，地质学系主任何杰，哲学系主任蒋梦麟，中国文学系主任朱希祖，英国文学系主任胡适，法国文学系主任贺之才，德国文学系主任顾孟余，史学系主任朱希祖，经济学系主任马寅初，法律学系主任黄右昌，庶务部主任沈士远，注册部主任郑寿仁，出版部主任李辛白，图书部主任李大钊，

仪器部主任陈聘丞；庶务委员长马叙伦，组织委员长蒋梦麟，预算委员长陶履恭，审计委员长马寅初，聘任委员长俞同奎，入学试验委员长陶履恭，图书委员长顾孟余，仪器委员长王兼善，出版委员长胡适，学生自治委员长沈士远，新生指导委员长朱锡麟。[1]

　　蒋梦麟身兼数职，以总务长、哲学系主任等要职协助蔡元培革新北大，其间有着诸多的辛酸，也有过片刻的宁静，还有几分苦中作乐的无奈。二三十年代的中国，一直战火不断，北京作为全国的政治中心，毫无悬念地成为军阀之间斗争的主要战场。生活在北京城中的人，无时无刻不活在战争的阴影之下。在北京待久了，蒋梦麟逐渐适应了这样的生活，有时甚至会专门跑到北京饭店的屋顶去瞭望炮火，他称之为"隔岸观火"，并自得其乐。炮火虽然像千万条彩虹，但隆隆的炮声却并不讨人喜欢，尤其是夜里，如果把耳朵贴着枕头睡觉，就会感觉炮声更大，所以蒋梦麟经常都只能仰天躺着睡觉。就连他养的一只德国种的狼犬都常常被炮声吵得无法在地板上安睡，它耳朵一贴到地板，就会惊跳起来，烦躁不安地冲到房门旁，拼命在门上抓。蒋梦麟骂它不该那么捣乱，它似乎也感觉到理屈，只用两只眼睛怯生生地望着蒋梦麟。有天晚上狼犬突然失踪了，从此蒋梦麟再也没见到过它。

　　1920年，蔡元培赴法考察，蒋梦麟再度代理北大校长。1923年，蔡元培因抗议教育总长彭允彝干涉司法，蹂躏人权，再度辞职离校，后赴欧洲考察，蒋梦麟第三次代理北大校长，一直到1926年"三一八"惨案后离校。蔡元培不在学校期间，蒋梦麟成为实际的校长，推进北大的改革。改革后的北大焕然一新，学校的管理更加民主，学生的自主性得到更好的发挥。北大的改革不仅仅繁荣了北大，同时也为全国的教育改革作出了表率。

---

[1] 蒋梦麟：《北京大学新组织》，《申报》1920年2月23日，第7版。

1922年1月，北京大学改组研究所，成立研究所国学门。此图为1924年蒋梦麟（前排左四）与研究所国学门同仁的合影。图片来源于《北京大学图史》。

困于经费

经济基础决定上层建筑，北京大学作为全国的最高学府，学校财政大部分依赖政府拨款。但在军阀割据的时代，有限的钱财大都用于军事上了，加上政府内部的派系斗争，教育经费根本得不到保障。如1920年，北洋政府的军事预算占总预算的一半以上，但教育经费只占其中的七十五分之一，而这仅有的教育经费也经常会被挪用。所以，在当时拖欠工资的情况非常普遍，教师为此罢课的情况也时有发生。

蒋梦麟从"暂代"北大开始，就一直被经费问题所困扰——北大的经费几乎从来就没有完全拨付过。当时，北大教授工资虽高，但实际拿到手的却并不多，因此教师们意见很大，有些老师甚至要外出代课以维持生活。由于经费不够，学校许多配套设施建不起来，学生们也怨言不断。蒋梦麟希望把北大建成一所高质量的学府，并为北大规划了图书馆、礼堂等，但这些计划都因为经费等原因而搁浅。

在蒋梦麟"暂代"北大的第一年，北京的中小学老师就掀起了索薪运动，并且升级为罢课。之后北洋政府承诺发放现金，以庚子赔款充用教育基金，才解决了这场持续了二十多天的罢课风潮。这次行动使教职员看到了罢课的力量，也促使后来一旦有严重的欠薪事件，教师们就会用罢课来维护自己的权益。每次索薪事件北大教职员工几乎都充当着重要角色。

在1920年北京大学全体大会上，蒋梦麟致演说辞时就坦诚地指出："本校最困难之一问题，为校款不能按期领到。因经费不按时来，实行预算，甚为困难。移甲补乙，移乙补丙，把预算破坏了。譬如去年校中决定，拨图书仪器费各二万元。仪器之费，颜先生把它先从会计课领来，所以今年我们学校里办了不少仪器，这是使我们满意的一件事。当时图书馆未曾即刻把款领来，以为存在校中，是万妥万当的。不料后来只领了几百元。这笔钱用到别的地方去了。诸位要知道，凡一个机关里四五个月领不到钱，有一文钱到手，就用了去。譬如电灯、电话、自来水，不能欠钱太多，欠了太多，电和水就不来了，电话也要叫不通了。还有其余的赊账，长久不付钱，下次就赊不动。这种钱，看了很少，在一个大机关里各部分拼拢来，就可观呢。本来购图书的钱，迫得不了时，就把它送到电灯、自来水公司，和木厂子、纸铺子里去。去年有一个建筑公司，我们欠他一笔巨款，屡次问我们来讨，我们因为没钱，只好搪塞过去。将到中秋节的时候，他们到我的家里来讨，每天来一次。到了中秋节，我就逃到西山去，不敢见他们。同学最感痛苦的，就是寄宿舍不够，住在公寓里吃寓东的苦。这事我们早想到。但请拨公地请不到，购地一时无款，造房更没钱，所以迁延过去。现在我

们还要极力想法。"[1]经费的欠缺使北大很多校务无法
顺利开展，蒋梦麟一方面向政府索薪，一方面安抚教员
和学生的情绪。但这样解决不了根本，由欠薪引发的问
题越来越严重。

　　1921年3月14日，北大教职员开会决定即日起停止办
公，要求政府拨付拖欠的工资，并且推选出代表执行。之
后，北京高师、女子高师、法政专门、农业专门等七所院
校也相继停止办公，向政府索薪，并且成立了"北京国立
专门以上各校教职员代表联席会议"，推举马叙伦为主
席，并发表停职宣言。随后，学生联合会也作出决定，要
求政府拨款并请求各界支援。北京各校教职员联合会的
声明并没有得到政府的回应，于是八校的教职员于4月8
日集体请辞。而当时的教育总长范源濂也提交了辞呈。
4月15日，蒋梦麟等八校校长要求政府逐年增加教育经
费，月拨二十万元之数不能再减，因为政府的拨款数目
与他们的主张相差太大，于是他们向教育部集体辞职。4
月30日，政府答应每月拨发八校经费共二十二万元，分四
批清还积欠的经费四十万元。蒋梦麟等同时复职。

　　但是事情并没有结束，由于当时政府内部派系斗争
激烈，大总统徐世昌所做的承诺并没有得到北京政府的
兑现，于是蒋梦麟等八校校长在5月16日再次提出辞职。5
月18日，在李大钊的主持下，召开了北京国立八校教职员

教育总长范源濂。

徐世昌。

---

[1] 蒋梦麟：《北京大学全体大会演说辞》，曲士培：《蒋梦麟教育论
　　著选》，人民教育出版社1995年版，第204页。

代表联席会，并发出《最后宣言》，限政府三日内按既定办法发放薪金。但政府并未理会，于是八校教职员再次总辞职。5月27日，蒋梦麟等八校校长也再次上书请辞，并以私人名义致函教育部秘书：

日前弟等公呈辞职，以教部负责无人，分呈大总统及国务总理。迄今未蒙批示，理应亲往晋谒，只以兵卫森严不予接见，在政府或不以尊师重道之义为然。弟等忝为师表，不能不为士林稍自爱惜，用是以私人资格，函恳转达政府，迅予批准，并即派员接替。公谊私情，两俱纫感，再从前各校负债累累，现即置于不议，而四月份应发之经费及积欠，外间多谓政府业经拨交教部，是否属实，未敢臆断。弟在先有五月二十一日发欸之预约，后又有储欸以待之公函，口惠而实不至，未免食言而肥。刻正午节，百债临门，教职员复以生活关系，催索积欠，至为迫切。揆诸情理，即未便拒绝，按诸事实，无法应付。弟等系奉教部之命，分长各校，现时教育虽未有负责之人，然不得谓教部非内阁之一体，总理为行政首领，主持全阁事务，似断不能以隔岸观火态度，视各校长之焦头烂额，为无关于国事也。弟等进退维谷，焦急莫名务恳设法转达总理，请迅予批准辞职并迅拨四月份经费及积欠，藉以稍舒眉急。[1]

6月3日，忍无可忍的教职员和学生代表决定前往总统府请愿，不仅要求发放薪金，同时提出经费独立的口号，但当队伍行进至新华门时，受到卫兵的阻扰，随后发生冲突。之后大批军警对师生施以暴行，蒋梦麟、马叙伦、李大钊等都不同程度受伤，造成了震惊中外的"六三"事件。"六三"事件爆发后，各界极其愤慨，定于6月5日在天安门召开国民大会，但同样遭到军警的破坏。学生联合会在6日召开紧急会议，针对政府的暴行议决了三条办法，以力争经费及教育独立。而各省区的自治联合会及自治同志会均召开紧急会议来声援北京。

---

[1]《京教潮最近消息》，《申报》1921年5月31日，第7版。

6月3日，北大学生讲演队在东安市场附近演讲。

但北洋政府的暴行并没有结束。6月6日，军警继续逮捕学生，并下令禁止各校召开会议。之后，马叙伦在病中被地检厅传讯。政府的做法加剧了局势的恶化。6月13日，北京小学教职员也决议一同罢课。当时，孙中山甚至致电北京八校教育联席会，提出"在非法政府下，难望教育事业上之发展，相率南下"。

"六三"事件爆发的第二天，蒋梦麟等八位校长再次向国务院辞职：

校长等因京师教育经费问题久悬未决。无法应付，迭呈请辞职，未蒙允准。昨日午后赴部晋谒次长请示办法，适各校教职员学生等亦先后到部，校长等以教职员学生之要求，随同次长齐赴新华门请见总统、总理。甫至辕门，守卫兵士拒不许入，继则用枪柄殴击，家驹被挤昏晕倒地，不省人事，馥卿头部被击重伤，血流如注，教职员学生等受重伤者十余人……至此后校务行政，实再无法维持，更无力负此重大责任，请即日批准辞职，并迅予派员接替，不胜迫切待命之至。[1]

此时，北京教育界已混乱不堪。6月10日，忧心忡忡的蒋梦麟邀请胡适等人同游西山，他们在西山旅馆谈了三个多小时，对当前北京教育的状况进行了讨论。其中蒋梦麟提到"北京的教育界像一个好女子；那些反对我们的，是要强奸我们；那些帮助我们的，是要和奸我们"。胡适随即说道："梦麟错了，北京教育界是一个妓女，有钱就好说话，无钱免开尊口。"[2]教育经费的困顿，由此可见一斑。

罢课风潮越演越烈，各地也陆续开始罢课、罢工。迫于压力，北京政府开始作出让步，派遣人员赴医院进行慰问，并提出和平解决问题的方法。7月24日，北京政府正式派出王芝祥、范源濂等人慰问教育界。

之后，北京政府表示教育经费除了执行4月30日内阁的决议和6月7日财政部交给教育部的办法之外，再筹集二百万的证券存放在银行，以作为北京学校的准备金。此外，北京政府决定从1922年8月起，每个月从盐款中拨发十万元作抵。之后蒋梦麟等北京八校校长及教职员集体复职，各校的教务也相继恢复。

虽然政府作出了妥协，并一定程度上拨发了经费，但北大的财务依旧很紧张。随着国内军阀斗争的加剧，教育经费问题一直没有得到解决。1922年12月17日是北大的二十五周年纪念日，学生们本准备隆重庆祝。但蒋梦麟特意致函表示经费紧张，希望能减少开支。到1923年，北大的经费更加紧张。蒋梦麟在给胡适的信中说道："半年的欠款，六百的饿教职员，三千的惹祸的学生，交了

---

[1] 王学珍等：《北京大学纪事（1898～1997）》，北京大学出版社2008年版，第120页。
[2] 胡适：《胡适日记全编（3）：1919～1922》，安徽教育出版社2001年版，第309页。

我手里，叫我怎么办! 我昨晚一夜睡不着觉……北大内部颇好，不过实在穷死! 我个人则穷而且忙!"[1]当时的北大确实如他所说，已经到了山穷水尽的地步。1923年9月，蒋梦麟在北大开学典礼上道出了学校的财务问题:"至于物质方面，可说是已到了山穷水尽的地步。恐怕诸君不甚详知，特地略为报告。政府里积欠了我们八个月的经费，计有五十余万，此外学校里还垫出了十七万余。两项共计七十余万，差不多一年的经费没有了，所以去年开学时我们说过要建筑大会堂和图书馆的计划都成了泡影。同人数月来终日奔走经费的事，忙得不了，几乎天天在街上跑。上次京师各法团保安会，京师治安维持会，和教育基金委员会，议决每月筹八十万元，五十万为军警费，三十万为教育费，请汇丰、汇理、正金、道胜四银行垫借。议定以后，即向使团接洽，英法日三使现尚在磋商中，此事能成与否，实难预料，不过我们尽我们的能力罢了。"[2]蒋梦麟几乎在每个重要场合都讲到过北大的经费问题，甚至是学生的毕业典礼上。在1925年学生的毕业同学录上，他的临别赠言也谈论了这个问题，"但这两年中，政府欠发校款，竟积至十二个月以上，物质上的痛苦，真一言难尽。此后诸君毕业去了，我们留在学校的，不知还要受多少的苦痛"。[3]教育经费一直是困扰近代大学发展的一个大问题，蒋梦麟执掌北大期间也一直为教育经费而奔波，甚至之后的西南联大时期亦是如此。正是由于蒋梦麟的竭力争取，才使得北大在经费紧缺的情况下依旧可以正常运行，顺利度过艰难的岁月。

---

[1] 蒋梦麟:《致胡适》，曲士培:《蒋梦麟教育论著选》，人民教育出版社1995年版，第254~255页。

[2] 蒋梦麟:《北京大学开学词》，曲士培:《蒋梦麟教育论著选》，人民教育出版社1995年版，第256页。

[3] 蒋梦麟:《临别赠言》，曲士培:《蒋梦麟教育论著选》，人民教育出版社1995年版，第268页。

学生自治

    蒋梦麟在北大的学生管理中逐渐意识到学生自治的重要性,他鼓励学生自治,鼓励学生注重团体的生活。

    学生自治这一学生管理理念并不是蒋梦麟率先提出的,清朝末年学生自治已现萌芽。民国成立以后,学生自治得到进一步发展,到20年代形成一股热潮。当时著名的教育家大都有关于学生自治的论述,蔡元培的"六自"方针、陶行知的《学生自治问题之研究》、杨贤江的《学生自动之必要及其事业》以及杜威的来华讲演等。蒋梦麟作为杜威的弟子,深受杜威思想的影响,曾提出"学生自治团体是学生求丰富生活的一个团体,学生在校时,有丰富的生活,方能达'教育是生活'的目的"。[1]此外,蒋梦麟在与胡适、蔡元培、陶行知的信件中也多次提到学生自治的问题,"朋友圈"的思想也影响到蒋梦麟的看法。

    蒋梦麟从社会、国家和教育的角度出发,强调了学生自治的重要性。

    从社会的角度出发,由于晚清经历了中国千年来未有之大变局,社会变化剧烈。如何改变落后的社会现状成为当时人们关注的焦点。蒋梦麟认为欧美社会近代的繁荣昌盛得益于"社会之自觉",而且"社会工业之发达,使自动的人才以兴之"[2],随后提出"学生自治,是养成青年各个的能力,来改良学校社会"。[3]此外,蒋梦麟赋予了学生自治强烈的社会责任感,他希望学生不仅

---

[1] 蒋梦麟:《学潮后青年心理的态度及利导方法》,《新教育》1919年第2卷,第2期。

[2] 蒋梦麟:《职业教育与自动主义》,曲士培:《蒋梦麟教育论著选》,人民教育出版社1995年版,第56页。

[3] 蒋梦麟:《什么是教育的出产品》,《新教育》1919年第2卷,第3期。

可以在学校生活中实现自治,更应该发挥自治的社会价值,将学生的知识"传布于社会,作社会的好榜样"。[1]他还认为如果学生在学校里没有培养自治的精神,将来毕业之后可能就会在社会上捣乱,还不如在学校经历学生自治的试验,比起在社会上试验要更加方便。因此,蒋梦麟也将学生自治看做是"爱国的运动,是'移风易俗'的运动,是养成活泼泼的一个精神的运动"。[2]他希望可以通过学生自治化民成俗,达到国家的自强。

从教育的角度来说,学生自治不仅是教育改革的一部分,同时也反向促进教育改革。首先,在当时学校程度太低的现状下,学生自治可以更好地提高学术,创造文化。其次,教育就是生活,学生自治团体可以丰富学校生活,形成良好的学风。再次,教育思想的根本改革在于养成一个活泼自动的人,学生自治一定程度来说是进行个人主义教育的良好途径,并且,学生自治在一定程度上可以影响教育的改革。五四运动之后,学生自治会得到蓬勃发展,逐渐开始参与学校管理,并且进一步影响了教育法案的制定。1922年,清华大学学生自治会成立学生法庭,缝制"法服"、选出"法官",审理学生间的争执、违反校章等事件。同样在1922年,复旦大学学生会改为学生自治会,分为司法、评议和执行三部,并将膳食工作从学校收归同学自办。

蒋梦麟关于学生自治的教育理念始终贯穿在他对北大的管理中。

1919年,蒋梦麟初到北大就对北大的学生表示,"深望诸君,本自治之能力,研究学术,发挥一切,以期增高文化。又须养成强健之体魄,团结之精神,以备将来改良社会,创造文化,与负各种重大责任"。[3]之后,又在北京高等师范成立纪念日上发表《学生自治》的演说。在1920年北京大学的开学演讲中又

---

[1] 蒋梦麟:《学生自治》,《新教育》1919年第2卷,第2期。
[2] 蒋梦麟:《学生自治》,《新教育》1919年第2卷,第2期。
[3] 蒋梦麟:《初到北京大学时在学生欢迎会中之演说》,曲士培:《蒋梦麟教育论著选》,人民教育出版社1995年版,第119～120页。

阐述了关于学生自治的看法，倡导要"自"与"治"相结合。

蒋梦麟的学生自治管理理念对于学生的管理取得了很好的效果，但在实施过程中也出现过一些问题。因为学生的不成熟，他们经常会提出一些不合理的要求，一旦遭到拒绝，就有可能引发他们的过激行为。学生自治会甚至还会干涉学校行政，与学校当局发生冲突。1922年10月，北大发生"讲义费风潮"，学生借口讲义费谩骂甚至殴打职员，致使蔡元培、蒋梦麟、李大钊等集体辞职，北大全体职员都暂停职务。还有一次，蒋梦麟因拒绝学生的要求，一群学生把学校大门关起来，并把蒋梦麟关在办公室。当时胡适打电话问蒋梦麟是否愿意找警察解围，蒋梦麟谢绝了。大门被关闭了近两小时，下课要回家的人在学校里面吵着要出去，在门外准备上课的人则吵着要进来，迫于学生自己的抗议，最后只好打开大门。当蒋梦麟走出办公室后，后面还跟着一二十人，边跟边骂。之后，北大评议会的决定，开除了这几个学生。但是蒋梦麟对青年学生是关切的、宽容的——被开除的每位学生都收到一封匿名信，其中还内附三百元。几年之后，蒋梦麟在昆明的中央航空学校见到其中一名被开除的学生，此时的学生已经成为一名眼睛里闪耀着快乐的优秀飞行员。此外，关于学生自治，学生团体内部也有一些不成熟的地方，比如组织机构不合理、学生参与积极性不高等等。

蒋梦麟是学生自治的大力倡导者，也较早地看到了可能出现的弊端，因此他一再强调学生自治应具备的精神和责任。[1]

首先，学生自治必须要有一定的精神追求。学生自治是爱国的运动，是移风易俗的运动，是养成活泼精神的运动。五四运动可以说是国民自觉的产物，在运动中也彰显出了国民自治的力量。五四运动之后，国人的心态逐渐发生了变化，尤其是青年学生。学生们已不能安于学校，他们甚至利用自治来反对

---

[1] 蒋梦麟：《学生自治》，曲士培：《蒋梦麟教育论著选》，人民教育出版社1995年版，第135页。

一切有损于他们利益的事情。蒋梦麟认为
"学生自治的精神就是全体一致到处都是
的公共意志"，学校里的"学风"是公共意
志的集中体现，但是有一部分学生不能明
白学生自治的精神，只是亦步亦趋地进行
示威游行，贸然地反对教职员，从而丧失了
学生自治的内涵。学生们只有具备了爱国主
义的决心、移风易俗的决心、勇往直前的
决心，才能真正地达到自治。

其次，学生自治必须承担一定的责任。
即提高学术的责任、公共服务的责任、产
生文化的责任和改良社会的责任。学生自
治是一项伟大的事业，要想真正做到学生
自治，就必须肩负起相应的责任。国家的
动荡、社会的不安使近代中国面临着诸多
难题，青年学生是国家发展的希望，必须
要面对这些问题。对学生而言，提高自身的
学术水平理应是其职责，学生自治也必须
以此为基础。此外，学生自治不仅仅是学生
之间、学生与学校之间的交流，更应该是
学生与社会之间的互动。通过学生自治，学
生团体应该更多地服务社会，"以学生所得
的知识传布于社会，作社会的好榜样"，从
而促进社会的发展。

再次，学生自治团体一定要处理好与

北大学生自治会会员证
章、代表证章。图片来源于
《北京大学图史》。

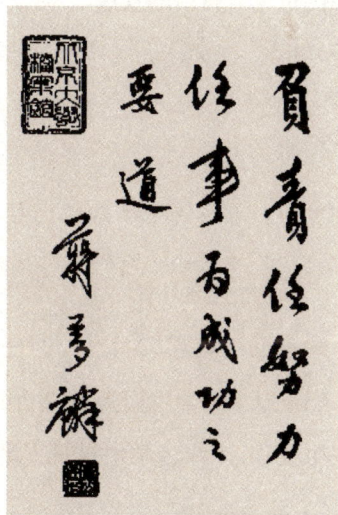

蒋梦麟手迹。图片来源于周斌
编著《中国近现代书法家辞典》。

学校其他团体之间的关系，双方一定要联络进行，共谋全校幸福。学生自治团体是学校团体的一部分，必然要与学校其他团体发生关系，尤其是教职员团体。学生自治团体只有处理好以下几个问题才能使自身更"发达"：（一）学生个人与教职员个人或团体的问题；（二）学生团体和教职员个人的问题；（三）学生自治团体和教职员团体的问题。在实际操作中，学生自治团体难免会和教职员团体发生冲突，双方只有心平气和，开诚布公，认真地对问题进行讨论，才是解决问题的正确方法，"不要因一时之愤激，生出许多无谓的误会"。

最后，学生自治中关于"自"和"治"的问题，要坚持"自"同"治"双方并重，切不可"自而不治"或"治而不自"。在传统的教育中，学生处于被动的"治"的地位，丧失了自我。五四运动之后，一部分学生找到了自身的价值，充分发挥了"自"的价值，但却缺乏团体中"治"的生活。

蒋梦麟认为北大对于研究学术、注重道德的"件件都有"，但就是缺少团体的生活。学生自治离不开学生的"自"和"治"，只有坚持双方并重才能切实促进学生自治的发展。[1]

暂别北大

1925年5月4日，北京学生联合会在师范大学举行纪念大会，大会表示了对政府的不满意。5月7日，时任司法总长兼教育总长的章士钊禁止学生举行国耻纪念活动。学生们奔赴章士钊住宅进行质问，但与警察发生冲突，结果七名学生受伤，十八名学生被捕。此事引起了极大的反应，北京大学等学校的学生随

---

[1] 蒋梦麟：《北京大学开学演说词》，曲士培：《蒋梦麟教育论著选》，人民教育出版社1995年版，第203页。

五卅运动期间上海工人集会。

即罢课并进行集会，要求政府释放学生、罢免章士钊及肇事者等。随后，学生们包围了铁狮子胡同执政府及段祺瑞住宅，高呼"打倒军阀""人民自由"等口号。

一波未平一波又起。5月30日，上海两千多学生在租界内散发传单，抗议日本纱厂镇压工人罢工，并号召收回租界，结果被英国巡捕逮捕一百多人。随后，上万名群众集聚巡捕房门前，要求释放被捕学生。但英国巡捕居然开枪射击手无寸铁的群众，致使十三人身亡，多人受伤，酿成了震惊中外的"五卅"惨案。

"五卅"惨案的消息传到北京后，北大学生会立即召开学生大会。当场表决要求废除不平等条约，监督外交部向英、日提出严重交涉等。6月3日，北京六十多所大、中学校的学生罢课，举行游行示威。与此同时，各校组织多个讲演组，宣传帝国主义的暴行并为死伤的同胞募捐。之后，蒋梦麟等四人被推举为教授代表，要求政府下令派军队赶赴租界，并请英、日召回公使。

当时，教育总长章士钊对学生施行高压政策，并勒令解散北京女子师范大学，此举更是在教育界投下了重磅炸弹。北大一些教授提出要脱离教育部，拒

章士钊（1881～1973），字行严，号秋桐，湖南善化县（今长沙市）人。现代著名政论家、政治活动家和学者。

绝承认章士钊及其签发的文件，这项决议以微弱的支持获得通过。随后，蒋梦麟公开宣布与教育部脱离关系，并表示一切由其本人负责办理。在巨大的社会压力下，章士钊于11月被迫辞职。

"五卅"惨案的抗议活动还在持续发酵，国内局势却又进一步恶化。1926年，南方的革命形势风起云涌，与此伴随的反帝情绪也日益高涨。3月12日，日本军舰闯入大沽口，并炮击守军。当时的国民军奋起反击，将日本舰船赶出大沽口。但日本竟以国民军此举破坏了《辛丑条约》为由，与英、美、法、意、荷、比、西等八国公使，于16日向北洋军阀段祺瑞执政府发出最后通牒，提出拆除大沽口国防设施的要求，并限令四十八小时内答复，否则以武力解决。同时各国派军舰云集大沽口，用武力威胁北洋政府。3月18日，北京大学等八十多所大、中学校学生及各界群众五千余人，在李大钊等人的领导下，在天安门举行国民大会，要求段祺瑞政府拒绝八国提出的撤除大沽口国防设施的最后通牒，抗议日本军舰对大沽口的炮击。大会决议：通电全国，一致反对八国通牒，驱逐八

"三一八"惨案，示威群众与反动军警相峙的情形。

国公使，废除一切不平等条约，撤退外国军舰，电请国民军为反对帝国主义而战。最后大会一共通过了八条决议。会后，群众举行了示威游行，前往政府请愿。但段祺瑞执政府下令开枪镇压，当场打伤一百五十多人，打死四十七人，其中北大学生三死五伤，制造了"三一八"惨案。[1]

　　惨案发生后，北京各学校纷纷罢课，社会各界也纷纷表示愤慨。北大学生会通电全国，希望实行罢课、罢市、罢工、罢税以声援北京。3月19日，蒋梦麟主持国立九校教职员紧急会议，拟向政府当局接洽遇难者遗体的事项。3月24日，北京大学举行隆重集会，追悼张仲超、黄克仁、李家珍三位烈士，蒋梦麟担任主祭。并致词：

---

[1] 王学珍等：《北京大学纪事（1898～1997）》，北京大学出版社2008年版，第181页。

在我代理校长任内，学生举行爱国运动，不幸有此次之大牺牲，李、黄、张三生之死，就其各人之家庭言，均损失一贤子孙，其家属接此种凶耗，不知如何痛心；就国家社会言，损失如许求专门知识之良好学生，此种学生之培植，由小学而大学，殊不易易，将来即少如许有用之材；就同学方面言，大家亦损失许多互相切磋琢磨之朋友。任就一方面言之，均损失不小。我任校长，使人家之子弟，社会国家之人才，同学之朋友，如此牺牲，而有无法避免与挽救，此心诚不知如何悲痛……处此人权旁落、豺狼当道之时，民众与政府相搏，不啻如与虎狼相斗，终必为虎狼所噬。古人谓苛政猛于虎，有慨乎其言矣！[1]

蒋梦麟的一系列举动使自己处在了十分危险的境地。当时的奉系军阀控制着北京城，对北京进行了严密的控制并迫害进步人士，著名记者邵飘萍就被其

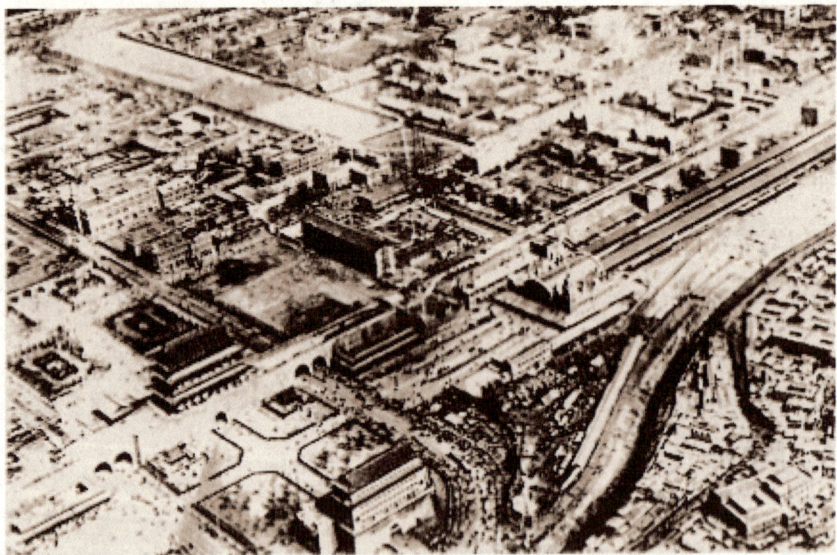

20世纪初的东交民巷。图片来源于北京市文物局编《北京文物地图集》（上）。

---

[1] 孙善根：《走出象牙塔——蒋梦麟传》，杭州出版社2004年版，第124页。

杀害。一天晚上，北京政府的前总理孙宝琦告诉蒋梦麟，他已经被列入了黑名单。蒋梦麟面临着巨大的压力，此时，刚好他的一个朋友来访，蒋梦麟不假思索，就跳上了朋友的红牌汽车，直接驶入东交民巷使馆界，在六国饭店住下。第二天，蒋梦麟到美国使馆向一位美国朋友开玩笑："我天天叫打倒帝国主义，现在却投入帝国主义怀抱求保护了。"[1]同时，李大钊等人也遭到通缉，并于1927年4月6日被逮捕，备受酷刑，坚贞不屈。4月28日，北洋军阀政府不顾社会舆论的强烈反对和谴责，将李大钊等十二名革命者绞杀于西交民巷京师看守所内。

当时与蒋梦麟同住在六国饭店的还有几个人，朱家骅是其中之一。一些朋友也经常去探望他们，但在里面关了三个月，即使那是一个豪华"监狱"，也是吃不消的。蒋梦麟经常以写字排解情绪，之后当北京的局势稍微松弛一点的时候，他和几个朋友就相继溜了出来。

李大钊。

朱家骅。

---

[1] 蒋梦麟：《西潮·新潮》，华文出版社2013年版，第156页。

蒋梦麟之所以能顺利逃离北京，多亏他朋友的太太一手策划。这位太太冒充蒋梦麟的妻子，与他同乘一辆马车到东车站，一路上居然逃过了警察的耳目。蒋梦麟在人潮中挤上了一辆开往天津的火车，随即从天津搭乘英国商船到上海，在商船上竟然再次遇到朱家骅，不得不慨叹缘分的奇妙。不过朱家骅是要从上海去往广东，而蒋梦麟则是回杭州。

蒋梦麟。

国民政府建立后，蒋梦麟相继担任了浙江省教育厅厅长、国立第三中山大学校长、国立浙江大学校长和教育部部长，开展了大学区制改革新实验。

任教育厅长

蒋梦麟到达杭州之时，何应钦率领的国民革命军还没有进入浙江，这时是夏超出任北京政府委派的浙江省省长。蒋梦麟去拜访夏超的时候，夏超向蒋梦麟透露说自己已经派兵阻断了江苏和浙江的铁路枢纽，准备起义反抗北洋政府，向国民革命军投诚。听到这个消息的蒋梦麟感到一些惊讶，心里想着以夏超的力量去抗击北洋政府无异于以卵击石。

拜访夏超之后的第二天，蒋梦麟和马叙伦一起绕道重回上海，想找北伐军驻上海负责筹划军事的钮永建帮忙，无奈钮永建也拿不出办法。果然几个星期之后，由于夏超带领的军队战斗力不足，起义失败，北洋军阀进驻杭州，夏超也被逮捕处决了。

1927年2月初，国民革命军击垮了北洋军阀，进驻杭州。国民革命军带着现代化的军事装备进入杭州城时，杭城的百姓都兴高采烈地列队欢迎，蒋梦麟也在国民革命军胜利之时回到杭州，站在列队的百姓中间。看着这支现代化的中国军队，他内心的激动难以形容——国民革命军经过十六年的战斗，终于建立起现代化的军队，终于又找回中国军队的信誉，蒋梦麟不禁感慨万千。

国民革命军进驻杭州时，国民党中央政治会议浙江省分会在杭州成立，负责全省的一般性决策，决策制定后由省政府执行，担任会议主席的是张静江。

1927年3月底的一天，蒋梦麟、马叙伦和邵元冲三人在大街上碰到了一支浩浩荡荡的队伍很有气势地行进着，邵元冲一眼看到一辆轿子里乘的好像是张静江，回头一打听，果不其然，正是住在新新旅馆的张静江。三人喜出望外，当晚就登门拜访。张静江几日后便约了三人连同蔡元培一起去上海，到达上海之后，一行人在白崇禧的指挥司令部待了一天，与白崇禧等军政要员和吴稚晖、李石曾等党内元老会晤，共同探讨党务。

邵元冲。

马叙伦。

　　大约两三天以后，蒋介石也到达上海，在上海镇守使署住了下来。张静江邀请蒋梦麟等人过去一起住在那里，以便于商议党务。吴稚晖、李石曾这两位国民党中央监察委员和张静江、蔡元培同住一个院子，蒋梦麟等其余几人被安排在另一院。虽然手里有"派司"，但他们还是觉得不好随意走动，因邵元冲是中央委员，便常由他打听些消息。有一天，蒋介石约了张静江、蔡元培、吴稚晖和李石曾这四位元老在蒋梦麟等人所住的卧室隔壁商讨事情，虽然隔得不远，但是蒋梦麟他们并不清楚隔壁在商讨什么。

　　据马叙伦回忆，4月7日（或6日）下午，中央监察委员会准备在隔壁开会。会前蒋梦麟、马叙伦等人进去看了一下，发现桌上放着一张好像讲义的油印品，邵元冲拿起来看后觉得像是自己寄给蒋介石的资料，三人未及细想就退了出来。[1]正是在这一天，国民党决定要"清党"。此后，国民党全面清党，国共第一次合作宣告破裂。

　　开完会的第二天，蒋梦麟、张静江等人都各自回家。不久之后，张静江邀请蒋梦麟和马叙伦主持政分会，于是蒋梦麟和马叙伦应邀回到杭州，而此时的政分会已经没有了之前繁荣的景象。张静江、蒋梦麟、马叙伦等决定开拓新的局面。1927年5月6日正式成立了浙江省政府，担任主席的仍旧是张静江，蒋梦麟担任教育厅长，马叙伦任民政厅长，邵元冲任委员兼秘书长。 这是蒋梦麟第一次在国民党政府中担任要职，也是他在政府部门工作的开始。

　　初建的省政府处处充满着改革精神，着手修公路、建电厂、改善田租、发展农业，百姓从中得到实在的好处，各处发展盛极一时。经济恢复发展的同时，蒋梦麟作为教育厅长也开始谋划教育改革。

---

　　[1] 马叙伦：《我在六十岁以前》，生活·读书·新知三联书店1983年版，第96页。

大学区制设计

　　蒋梦麟上任之后就决心恢复由于混乱耽误的教育事业，其中设立大学区制的实验就是很重要的一项措施。

　　大学区制是法国拿破仑制定的大学行政管理制度。1806年拿破仑创立帝国大学，1808年颁布《关于帝国大学条例的政令》，在帝国大学之下，全国划分为二十七个大学区。帝国大学是帝国的教育权力机构，设总监和评议会，各个大学区设学区总长和评议会。学区总长是大学区内的最高长官，负责管理大学区内几个省的教育行政领导工作，地方性的各级学校都在大学区的管理之下。帝国大学总监由拿破仑直接任命，而学区总长、帝国大学和大学区的督学、大中学校的校长和教师则由总监任命。[1]

　　蔡元培对中国教育的官僚化风气十分不满，而大学区以大学管理全省的学务，这种理念符合蔡元培的教育独立思想，因此他将法国大学区制与中国的教育厅作了比较，认为由中国的教育厅来管理教育，官僚气浓厚，这样办起来的教育是根本没有希望的。"因为教育厅长及科长科员等，他们的学识未必全在学校教职员之上，而且他们离开学校很久，不甚明白社会的潮流，所以他们尽敷衍表面，而无实际的心得。"[2]

　　于是，蔡元培想通过设立大学院和大学区这一办法来改善中国教育官僚化严重的情况。但是改善中国教育官僚化并不是一朝一夕的事情，突然将教

---

[1] 刘新科：《外国教育史》，武汉大学出版社2012年版，第99页。
[2] 高平叔：《中国新教育的趋势》，《蔡元培教育论集》，湖南教育出版社1987年版，第431页。

育体制简化为大学区制恐怕难以有实际效果。"所以规划在江苏、浙江两省试办，不过粗具模型罢了。现在的教育行政部，是一部分教授和专门研究过教育的学者来组织的，我想比从前的教育厅，总许要好些，办得长久，定会发达的。"[1]

　　蔡元培建立大学院、大学区制的想法得到了蒋梦麟和李石曾等人的积极响应。"迨国民革命军达到浙江以后，蒋君梦麟就要把浙江先试验一下，因为现在是20世纪，无一桩事体不与从前相差很远的，我们应该顺应时代的潮流，不能牢守旧制，不谋改革。"[2]

　　蔡元培关于大学院、大学区制的建议还得到了有着留法经历的国民党要员张静江等人的支持。因为蔡元培、张静江、李石曾和吴稚晖等国民党元老都有着学术救国的教育理想，一直希望通过无政府主义的办学实现自己的理念，他们认为法国的大学区制能够实现他们心中勾勒的教育独立蓝图。几位元老在国民党中都有一定的地位，蒋介石对他们也比较信任。因此大学区制的提议一出，立即得到了知识分子和政要的支持，于是政府决定在中央设立大学院，地方设立大学区。

张静江。

---

[1] 高平叔：《中国新教育的趋势》，《蔡元培教育论集》，湖南教育出版社1987年版，第431页。

[2] 高平叔：《中国新教育的趋势》，《蔡元培教育论集》，湖南教育出版社1987年版，第430页。

1927年6月27日，国民党中央政治会议通过了《中华民国大学院组织法》，决定成立大学院。组织法中对教育制度作了一些修改规定：中华民国大学院为全国最高的学术教育机关，承国民政府之命管理全国学术及教育行政事宜；大学院设立院长一人，总理全院的事务，院长为国民政府委员；大学院设立大学委员会，决议全国学术上教育上的一切重要问题；大学委员会由各学区的中山大学校长和本院的教育行政处主任及本院院长聘选的国内专门学者组成，院长任委员长；大学院设立秘书处，承院长之命办理本院事务，秘书长兼任大学委员会的秘书；大学院设立教育行政处，承院长之命处理各大学区之间互相关联及不属于各个大学区的教育行政事宜；大学院设立中央研究院；大学院得设立大学图书馆、博物馆、美术馆、观象台等国立学术机关；大学院于必要时得设学术上及教育行政上各项专门委员会；大学院办事及议事细则另定。[1]蔡元培认为大学院取代教育部，成为学术与教育的管理中心，可以洗涤腐败的学术空气，因为大学院的"教育学术化"和"学术研究化"使得教育相对独立于行政。组织法颁布之前，国民党还在全力应付军事，对于教育事业并没有作出具体的规划。蔡元培曾一再对大学院的成立作出说明——之所以建立大学院，是不愿再重蹈官僚支配教育的覆辙，大学院的教育制度还给教育更多的自由。

地方上实行大学区制度的改革。6月27日，国民党中央政治会议同时通过了试行大学区案。《大学区组织条例》中规定：将全国依据省份及特别行政区划分为若干大学区，大学区以所在省份以及特别行政区的名称命名，比如浙江大学、江苏大学等；每大学区设校长一人，总理区内一切学术与教育行政事项；大学区内设评议会，为本区立法机关；设秘书处，辅助校长办理本区行政上一切事务；设研究院为学术研究的最高机关；设高等教育部，管理本部各学院及其他大学、专门学校留学事项；设普通教育部，管理区内公立中小学校，监督私

---

[1]《中华民国大学院组织法》，《申报》1927年6月30日，第11版。

立中小学教育事业；设扩充教育部，管理区内劳农学院及关于社会教育的一切事项。[1] 大学区内的大学兼管本区的教育行政事宜，以达到"学者治校"和"教育相对独立"的目的。蔡元培认为，由拥有专业知识的教育家来办教育可以减少政党或教会对办学的影响，便于教育行政和教育学术的合一化发展。鉴于改革试验的难度，当时先选取了浙江、江苏、北平三个地方作为大学区制改革的试验区。全国设立四所国立中山大学，在浙江和江苏两省设立的是第三中山大学和第四中山大学，校长分别为蒋梦麟和张乃燕。1927年7月，第三中山大学筹备委员会成立，商议第三中山大学组建事宜。

其实早在20年代初，浙籍的知识分子就想要创办浙江本土的地方大学。经亨颐、蔡元培和蒋梦麟等浙江籍的学者也都对此付出过极大的心血。1919年杜威来华讲学的时候，蒋梦麟陪同杜威曾在杭州逗留了一段时间。杜威在杭州的这段日子，蒋梦麟和经亨颐

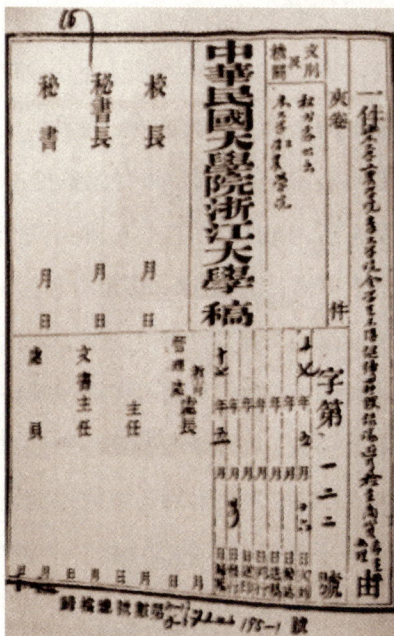

大学院公函。图片来源于浙江大学档案馆。

---

[1] 高平叔：《蔡元培教育论集》，湖南教育出版社1987年版，第418～419页。

就多次聚会讨论筹建浙江大学的事情。经亨颐曾在自己的日记中留有这样的记载:"午膳后,倦卧二小时,即至西门江苏省教育会,晤胡适之,同往蒋梦麟处,杜威博士及其夫人亦在,握手相见,同便膳。""膳后,访各议员,今日星期,晤者不多,庚子赔款,闻有无条件退还中国自办大学之说,若听中央计划,必不及吾浙。斯时,先自成立,则分得数百万基本金,亦可能之事。倘此案否决,岂不太可惜!"[1]后来,蔡元培和蒋梦麟向省政府建议筹建省立杭州大学,以方便浙江的青年学生就近求学,为他们创造更好的求学环境。于是,政府决定筹建杭州大学,蒋梦麟等人作为筹备委员会的委员,为筹建大学四处奔走,召开董事会议,从办学经费到校址勘寻,从学校发展程序到教授的选聘,都尽心谋划,无奈杭州大学筹建事宜终因经费问题不了了之。蒋梦麟对此深感痛心,在同年7月写给胡适的信中将心中的苦恼一吐为快。

　　适之:两次来信,都收到。杭州教育界,真变了一只臭粪缸。粪缸里边坐了看天,就是你所说的一个"陋"字,其实陋而且臭。夷初也跳在粪缸里面和他们混闹,真何苦来!你住在粪缸旁边,里面闹起来,免不了沾点污水。

　　北京浙江人,对于此事,都作旁观态度,对于两方面都没有好批评。昨有人对我说,杭州传闻我在京为张冷僧保驾,因为前次开杭大董事会散后回京,他们疑我得了三百元的赆敬。其实冷僧送了我一篓春笋是有的,内中并无"金瓜子"。陋,陋,陋。[2]

　　……

---

[1] 经亨颐:《经亨颐日记》,浙江古籍出版社1984年版,第162～163页。
[2] 蒋梦麟:《致胡适》,曲士培:《蒋梦麟教育论著选》,人民教育出版社1995年版,第254～255页。

　　由此可见，经过杭州大学筹办一事之后，蒋梦麟对杭州教育界颇感失望。但是北伐胜利之后，浙江新的省政府重新组建，省府委员和主席都是由蒋介石委派，其中许多委员都是文职人员出身。在张静江领导之下，这些委员对振兴浙江都热忱十足。蒋梦麟看到政府的振兴热情，觉得浙江政府和中央政府一样，处处充满了改革和建设的精神。在这样宽松而自由的大环境之下，蒋梦麟等人便开始计划设立浙江大学研究院。马叙伦回忆说："张先生和我们约，要做点成绩，给各省做榜样，我们自然更兴奋了。"[1]

　　1927年5月，浙江省政务委员会会议同意设立浙江大学研究院的计划，并且成立了筹备委员会，张静江、蒋梦麟、蔡元培以及马叙伦等人任筹备委员。[2]政府还拨出了前高等学堂、陆军小学堂、罗苑及文澜阁作为研究院的研究场地。蒋梦麟同蔡元培商量先办农医等自然科学，以备浙江省政府建设事业的需要，而国学、文学等先暂行缓办。6月，蒋梦麟写信给胡适，征询胡适关于学科开设的意见，并请其就研究院其他筹备事宜多提意见。但是后来又考虑到建立研究院需要大规模的场地以及大量的经费，政府又决议暂时先不成立研究院。比起筹建研究院，筹办大学的花费和规模都相对较小，而此时又赶上了南京国民政府在浙江成立国立第三中山大学的决定，于是省政府着手筹建国立第三中山大学的事宜。

---

［1］马叙伦：《我在六十岁以前》，生活·读书·新知三联书店1983年版，第98页。
［2］《浙教育制度采大学区制》，《申报》1927年5月28日，第7版。

筹建国立第三中山大学

经过蒋梦麟等人的多方协调，1927年7月，政府发布消息称国立第三中山大学经过两个多月的筹备已经大体就绪，决议其于8月1日正式成立，同时将教育厅改组为第三中山大学普通教育管理处及秘书处两处[1]。1927年8月，国立第三中山大学正式成立。其中工学院是由浙江公立工业专门学校改组而来，劳农学院则由浙江公立农业专门学校改组，文理学院经过紧张的筹建之后也投入使用。与此同时，国立第三中山大学还取代浙江省教育厅，管理浙江省的教育行政事宜。国民政府任命时任浙江省教育厅厅长的蒋梦麟为国立第三中山大学校长。

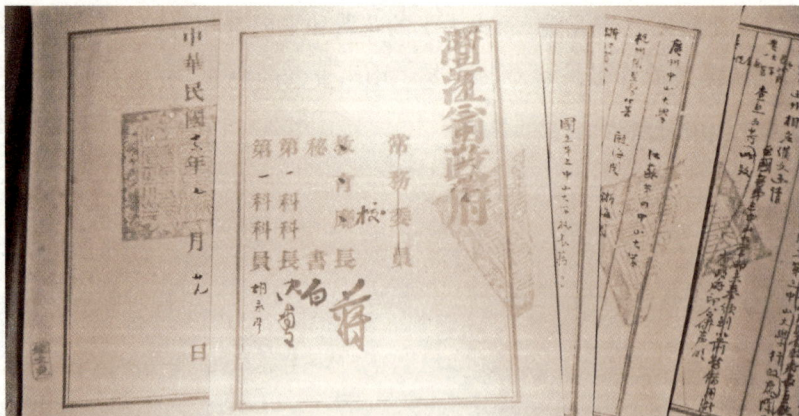

国立第三中山大学发给蒋梦麟的任命书。图片来源于余姚蒋梦麟故居。

---

[1]《第三中大定八月一日成立》，《申报》1927年7月20日，第7版。

　　就任校长后，蒋梦麟提出了第三中山大学综理浙江大学区教育行政事项的条例并且获得浙江省政府委员会第二次会议的决议通过。其中对第三中山大学的办学事项作了一些规定：第三中山大学承中华民国大学院之命综理浙江大学区内一切教育行政事项，在中华民国大学院未成立时，承国民政府教育行政委员会之命；浙江大学区的管辖范围即浙江省政府的管辖范围；第三中山大学校长乃浙江省政府委员；第三中山大学管辖各个省立中学，管理该区的教育行政事项；各类教育行政事宜由第三中山大学校长提出，经浙江省政府主席委员及常务委员议决再以浙江省政府的命令形式发布，比如各县政府教育科长的任免、各市立县立中学校长的任免、各级教育机关的设立和撤销、各级政府教育行政人员的任免、各级教育经费的预算核准、国内外留学经费的支付以及处理各级政府的教育行政事项等等。[1]第三中山大学实行男女兼收，蒋梦麟等详列了新生招生人数、学员报名资格以及学费等事项。

　　第三中山大学进一步完善了各县的教育行政机构和相关制度。1927年11月，颁发《浙江省县教育局暂行规程》，规程中将县视学列为教育局职员，并设立教育委员会取代董事会，设立县教育款产委员会管理县教育的款项收支。但是规程并没有具体规定各县的教育事项，而是给予各县一定的自由度，其教育事项由各县的教育局自行决议。[2]

　　第三中山大学成立之后，蒋梦麟等以校长的名义号召各省教育界夺回原本属于中国的教育权，还对小学教育、中学教育做了一些改革。比如，规定小学教育宗旨问题应按照大学院的规定来颁布；小学的课程在大学院规定没有颁布以前可以暂时沿用公民科名称，但是公民科内增加三民主义等教材；还规定不得擅自挪用小学教育经费，教职员的工资水平则由调查之后再核定。[3] 同时

[1]《第三中山大学条例》，《申报》1927年8月1日，第7版。
[2] 张彬：《浙江教育发展史》，杭州出版社2008年版，第260页。
[3]《第三中大颁发小学教育解释》，《申报》1927年11月8日，第10版。

根据中学课程纲要制定了《浙江大学区初级中学科目学分暂行标准》和《浙江大学区高级中学科目学分暂行标准》，其中规定初级中学不分科，高级中学分成普通科和师范科两类，普通科又分为第一组和第二组，初中和高中都设立了选修课和必修课，学生必须要修满一百五十六分以上才能顺利毕业。[1]

第三中山大学提出绍兴县立女子师范学校于1928年2月起其师范班学生并入省立第五中学，其小学部独立继续开办，改为县立第三小学。[2]

第三中山大学还发布通令以规范小学校使用白话文进行教学。通令各市各县各教育局督查本大学区内各级小学，绝对不准再用古话文的教科书或教材。但是通令颁布之后，仍然有书店出售完全古话文或古话文与今话文掺杂的小学教科书。为了进一步加强小学通用文字的工作，蒋梦麟等教育领导者采取了以下措施：首先，命令书店不得出售古话文或者古话文与今话文掺杂的书籍，一旦发现，立即取缔；凡是不遵循通令规定的校长，一经发现，立即撤换；各个市县的区立小学应该由视学员或指导员切实指导务令改革，一旦发现有不遵循通令的学校，即取消对小学的经费补助并撤换校长。[3]从这些措施中可以看出，蒋梦麟等人在整个教育改革的过程中采取的态度是果敢而坚决的。有改革的魄力，有改革的措施与落实，才会有教育的进一步发展。

第三中山大学对学生生活习惯的培养也较为重视。例如通令各县市教育局以及省市私立各中等以上学校，规定全体学生应穿着统一制服，以便学生养成节俭的美德。蒋梦麟等教育者认为学校内的学生穿着制服并且勤俭学习的虽然不少，但是任意穿着西装的人也不在少数。日本作为东南亚强国，它的学生都很少有穿着西装去读书的情况，而中国此时正处于贫弱的状态，实在不宜穿着西装去读书。从学生和国家的前途来讲，青年学生还未涉世，不知道生活的不易与

---

[1] 张彬：《浙江教育发展史》，杭州出版社2008年版，第271页。
[2]《杭州快信》，《申报》1928年3月1日，第10版。
[3]《三中大禁用古话文办法》，《申报》1928年2月23日，第11版。

国立第三中山大学印。图片来源于浙江大学档案馆。

艰辛，穿着上讲求奢华容易养成不计金钱的毛病。青年学生都是未来社会的主人，其成长关系到国家的未来和社会的发展，所以学生不应该不知节制、追求奢华的生活，应当节俭勤奋，切记不能颓废堕落。[1]蒋梦麟等教育者对青年学生可谓是寄予厚望，从学校制度到生活都规定得相当详细，希望为学生创造良好的读书氛围。

1927年11月，第三中山大学筹办湘湖劳农学院，蒋梦麟、李石曾、蔡元培等人任筹备委员会委员，为了详细了解湘湖的办学情况，蒋梦麟等人多次召开筹备会议并作了实地考察。

蒋梦麟还提议筹建文理学院，并在省政府举行的第九十三次会议上作了相关的报告。[2]大会原则上通过了这一提议，并对经费和学科建设作了讨论。

---

[1]《三中大令各学生一律着制服》，《申报》1928年2月10日，第10版。
[2]《浙省筹建文理学院》，《申报》1928年3月28日，第10版。

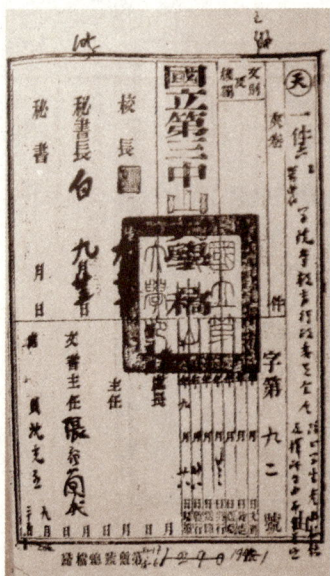
国立第三中山大学公函蒋梦麟印。图片来源于浙江大学档案馆。

文理学院拟设十六门学科：国文学、外国文学、哲学、数学、物理、化学、地质学、生物学、心理学、人类学与社会学、历史与政治学、经济学、教育学、图画、体育、军事，这一学科设置体现了人文学科和自然学科相结合的教育理念。

经过一系列改革之后，浙江省教育事业的发展渐渐从战乱中有所恢复。1927年11月，经蔡元培等人提议、大学院大学委员会决议，中山大学将以各省份名称改名，国立第三中山大学将改名为国立浙江大学。蔡元培等人认为改名的理由主要有以下几点：中山大学不止一处，以数字命名不易识记；大学都以中山命名，而且冠以国立第几的字样，国际上没有这样的先例，对外接洽学术文化事宜的时候不便于翻译；留有广州中山大学来纪念孙中山先生已经足够，比如美国纪念华盛顿也并没有将大学都命名为华盛顿大学，俄国纪念列宁也并未将所有的大学都称作列宁大学；大学院是以中华民国冠名的，统辖全国各省的大学，那么各省的大学也应该以各省的名称命名以便统辖省内各中小学，各中小学也应该以其所在地命名，这样一来就能形成一个连贯有序的教育管理系统。[1]

---

[1]《中山大学将依省份改名》,《申报》1927年11月28日，第8版。

1928年1月30日,浙江省政府委员会举行第七十二次会议,蒋梦麟提出报告,建议将各区的大学以所在地名称冠名,因为大学在省内是负责监管一省的教育行政的。会上决定对于是否将国立第三中山大学改称为国立浙江大学这一提议进行进一步讨论。[1]

1928年2月15日,中华民国大学院召开委员会议,会上决议将国立第三中山大学改名为浙江大学,国立第四中山大学改名为江苏大学,二者都不加"国立"二字。[2]

1928年4月1日,国立第三中山大学遵照中华民国大学院的通令,改名为浙江大学,仍然按照大学区组织条例综理浙江大学区内一切学术与教育行政事项。浙江大学的全称为中华民国大学院浙江大学,简称浙江大学。[3]

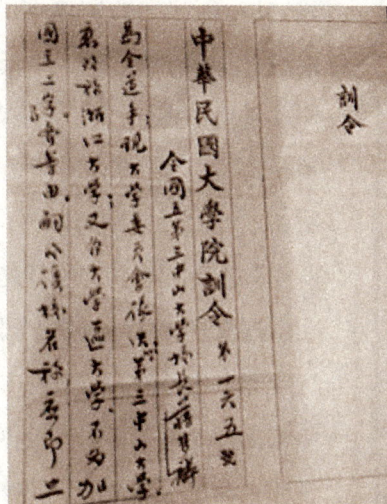

改国立第三中山大学为浙江大学的训令。图片来源于浙江大学校史馆。

[1]《三中大改名之建议》,《申报》1928年2月3日,第10版。
[2]《大学院大学委员会开会记》,《申报》1928年2月20日,第8版。
[3]《国立第三中山大学改名浙江大学通告》,《申报》1928年4月1日,第3版。

掌管浙江大学

1928年4月，经中华民国大学院批准，浙江大学正式成立。7月，浙江大学按照《大学院令》的要求，改称为国立浙江大学，蒋梦麟担任校长一职，也是省政府委员。

大学院颁布了《浙江大学综理浙江大学区教育行政事宜权限规程》。规程中指出：浙江大学承中华民国大学院之命，综理浙江大学区内的一切教育行政事项；浙江大学区之辖境，即浙江省政府之辖境；浙江大学处理或指示浙江大学区内教育行政事项，对于本大学区内各县政府及所属各省立、市立、县立、私立教育机关得发布命令；浙江省政府与浙江大学遇有相互咨询或请办的事项，无须经过省政府委员会决议者，彼此得以公函行之；浙江大学遇有学术或教育行政事项，与浙江省行政无关者，对于国民政府及浙江省政府所属各行政机关得以经公函或命令行之。浙江大学不仅要主持高等教育，还设立了普通教育管理处，管理全省的公立中小学，监督省内的私立中小学教育事宜。[1]

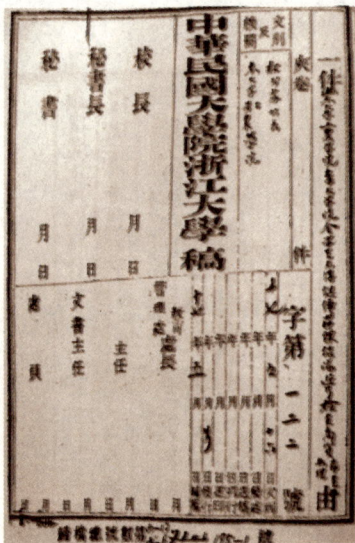

中华民国大学院浙江大学公函。图片来源于浙江大学档案馆。

---

[1] 张彬等著：《浙江教育发展史》，杭州出版社2008年版，第259页。

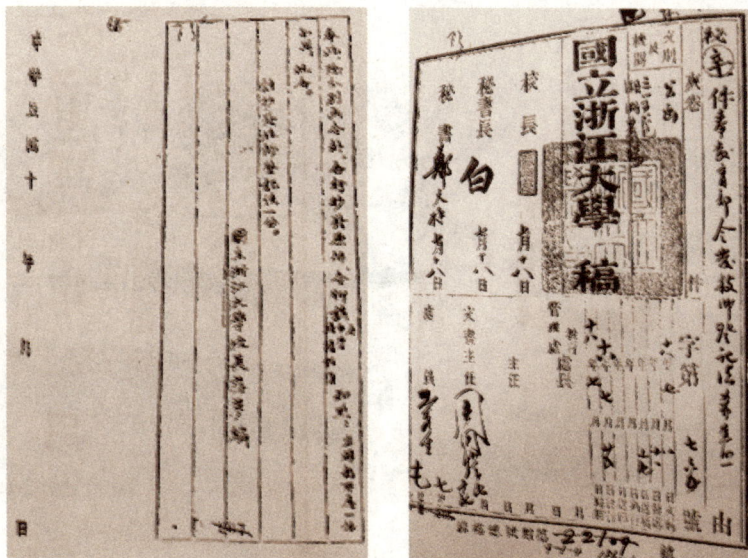

国立浙江大学盖有蒋梦麟印的公函。图片来源于浙江大学档案馆。

　　浙江大学的学校规模和科系设置与第三中山大学比起来都有所发展——工学院在电机工程和化学工程的基础上增设土木工程科,后来又都改称为学系;农学院设有农艺、森林、园艺、蚕桑和农业社会几个学系;文理学院初设中国语文、外国语文、哲学、数学、物理、化学、心理、史学与政治、体育和军事等十个学门,后来又改成了中国语文、外国语文、数学、物理、化学、史学与政治、心理学系,又增设了生物、经济和教育三个学系。[1]这期间浙江大学的发展打破了浙江省传统的以专科院校为主的办学局面,为浙江高等教育的发展奠定了一定的基础,也促进了浙江教育格局的调整。至1937年,全校共三个学院十六个学系,综合大学粗具规模。

---

[1] 张彬等著:《浙江教育发展史》,杭州出版社2008年版,第313~314页。

国立浙江大学早期校舍。图片来源于浙江大学校史馆。

文理学院远景。图片来源于浙江大学校史馆。

工学院大门。图片来源于浙江大学校史馆。

秘书处的办公场景。图片来源于浙江大学校史馆。

　　大学区内的浙江教育行政部门对全省的中小学进行了进一步的整顿和加强,对于各县市中学的设立制定了具体的实行办法。县市中学只有满足相关条件才能依法设立:全县市的教育经费每年在两万元以上;全县市的完小和高小的数量在十所以上;全县市的高小毕业生每年须在两百名以上;全县市的最近三年内每年的高小毕业生升学人数占毕业生总数的百分之三十以上。如果设立条件中只有经费条件不能满足的话,可以几个县市联合设立一所学校,联合学校的名称定为联合县立中学。至于办学经费,则由联合的县市自由商定。与此同时,浙江省还加大了中等教育经费的投入力度。[1]

　　大学区还积极争取学校教育权利的回收。大学区成立之后,蒋梦麟等人对于教育权的回收问题十分重视,曾多次强烈建议收回教育权。1927年6月8日,浙江省的第十九次省务委员会议通过了蒋梦麟提出的收回外国人

　　[1] 张彬等著:《浙江教育发展史》,杭州出版社2008年版,第269页。

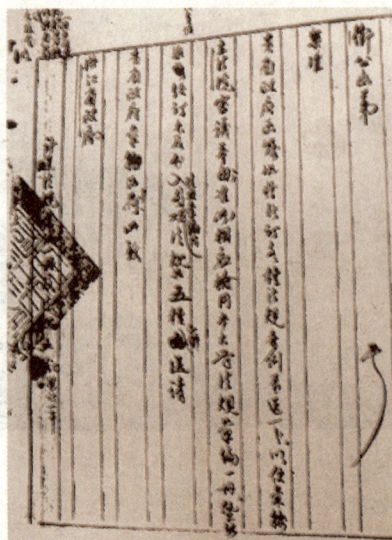

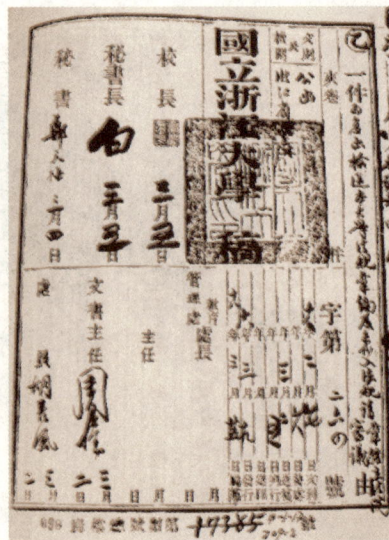

蒋梦麟浙大校长的公函。图片来源于浙江大学档案馆。

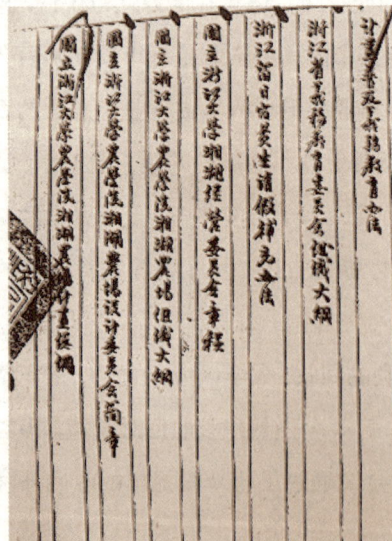

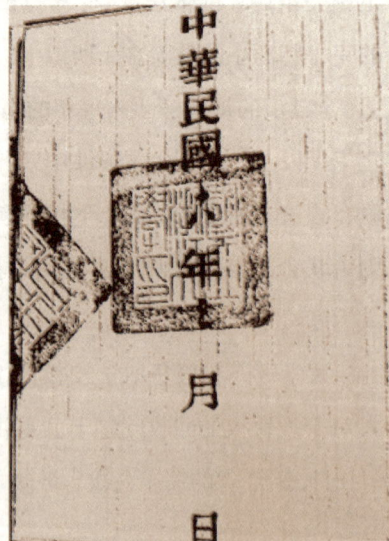

国立浙江大学文件及印章档案。图片来源于浙江大学档案馆。

教育事业办法案。法案中规定将各地外国人所办的学校收回, 免得教育权利旁落, 造成国家的损失。法案中强调, 在浙江省境内外国人所办的教育, 无论是属于个人还是团体, 都应该在1927年9月1日以前移交省政府或有中华民国国籍的个人以及浙江省政府承认的组织团体; 外国人所办教育在移交过程中不得提出额外的条件, 接收者也必须呈请省政府做好备案; 外国人及团体在办学过程中成绩突出者, 可以设立纪念物并呈请省政府嘉奖; 学校移交之后, 外国人可以在精神和物质上辅助学校发展, 但是不得担任校长和董事职务; 被接收的外国人教育机构经省政府审查立案后可以享受与私立学校同等的待遇。[1]当时的之江大学就是一个例子, 之江大学十分重视"神圣"的办学目标, 一半以上的学生和教师都是基督徒。后来经过决议, 决定将之江大学原校长费佩德重新任命为副校长, 聘任朱经农为校长, 并且向美国南北长老会托事部提出向中国政府立案的报告。但是美国方面拒绝将宗教课定为选修课, 坚持学校的基督教性质不变, 并且强制要求在校学生参加宗教活动。1928年, 由于美国方面停发经费导致学校办学经费困难, 校董会决定暂时停办学校。[2]

浙江大学区对于师范教育也做了一些调整。大学区之前, 各个中学所设的师范讲习科学生年纪都比较小。大学区成立之后, 决定在杭州的省立第一中学试办师范训练班, 招收初中毕业生入学, 学制为一年。后来又将此种方法推行到其他县市, 而省立高级中学等学校还是设立高中师范科。1929年, 各中学的师范训练班入学资格有了略微的调整, 除了招收初中毕业生外, 还招收有两年以上的小学教育工作者, 中等学校肄业三年以上者也可以报考。另外, 为了缓解师资紧缺的状况, 各县市还筹办短期

[1]《浙限期收回教育权》,《申报》1927年6月12日, 第10版。
[2] 张彬等著:《浙江教育发展史》, 杭州出版社2008年版, 第268页。

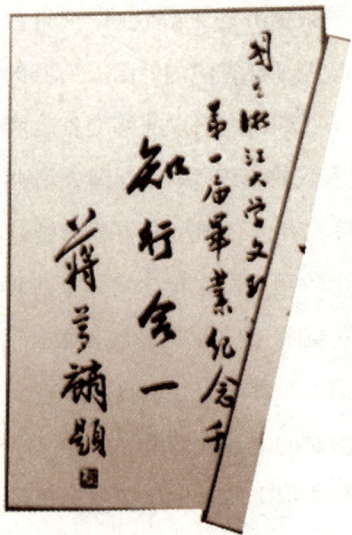

蒋梦麟为浙江大学文理学院第一届毕业纪念刊的题字。图片来源于浙江大学校史馆。

的师范讲习所，根据实际情况的不同将学制划分为一年制、两年制和三年制不等。[1]

浙江大学成立后修正了教育局的部分规程，对各个县市的教育行政机构和相关制度作了进一步的修改，将县视学改称为县督学，区教育委员改称为区教育员等。教育行政规章制度得到进一步改善。[2]

浙江大学区制度下，蒋梦麟等人不仅改进了各县的教育行政机构及其相关制度，对于地方教育行政人员的资格认定也作了进一步加强。之前未设立浙江大学区的时候，教育局长的任命须满足以下任一资格：毕业于大学教育科、师范大学或高等师范学校；毕业于师范学校并且有三年的教育职务的经验；毕业于专门以上的学校，就需要有两年的教育职务的经验；担任中等学校校长或小学校长三年以上；担任教育行政职务五年以上并且成绩卓著。大学区制实行以后，浙江省任命教育局长不仅看是否满

---

[1] 张彬等著：《浙江教育发展史》，杭州出版社2008年版，第272页。
[2] 张彬等著：《浙江教育发展史》，杭州出版社2008年版，第260页。

足资格规定，还增设了任用考试制度。例如，1927年省政府举行任用考试，主要分为荐任职和委任职两类，大学或专科以上的毕业生，可以参加荐任职的考试，而中学或师范院校的毕业生可以参加委任职的考试。考试内容主要有教育计划、教育原理、教育制度、教育史、教育统计测验以及教学法的教育理论与实践知识。大学区制度之下，这种公开的任用考试时常举行，这样的选拔制度更有利于选拔有才干有经验的人才，有利于更好地发挥教育行政人员的管理和服务职能。[1]

教育行政人员的素质得到进一步提升之后，浙江大学区还建立了视导制度和辅导制度。

大学区成立之后，各县视学也发挥了重要的作用。后来将省县视学改称为省县督学，进一步深化了视导制度的内涵。之前，视学主要是负责大学区内教育情况视察和指导工作，而督学的工作则要比视学更进一步，督学不仅要视察大学区内的教育工作，还要在发现教育问题的时候作出相关的深入调查与研究并负责问题的最终解决。例如，1929年4月，浙江大学颁布了《浙江省各县规定县督学服务细则之标准》，其中规定：县督学负责督查指导全县私立小学教育、社会教育以及区教育员办理的一切事项，并督促地方谋地方教育的发展进步；考察教育事业的现状如何，并与当事者共同探讨教育中亟待改进的重大问题，以求解决的步骤与办法；视察之后应制定切实可行的教育计划；督学在指导过程中应注意方式方法；督学的视察指导应该与县学区的辅导会议密切联络；县督学应根据地方的需要规划新兴教育事业，计划列出后须报告教育局。[2]督学视导制度的进一步修正对于浙江教育的发展是十分有利的。

[1] 张彬等著：《浙江教育发展史》，杭州出版社2008年版，第261页。
[2] 张彬等著：《浙江教育发展史》，杭州出版社2008年版，第263页。

浙江省实行大学区制后，就开始推行地方教育的辅导制度，将省内各县依旧府属划分为十个省学区，在省立中学附属小学设置地方教育辅导员一人，由辅导员负责地方教育的辅导事宜。[1]

此外，浙江大学区对于民众教育也颁布了相应的暂行办法。民众教育最初是清末的识字学塾和五四时期的平民学校，后来发展为各类推行社会教育的综合性机构。民众教育机构大致分为社会式民众教育机构和学校式民众教育机构，社会式民众教育机构主要包括图书馆、博物馆、通俗演讲所等，学校式民众教育机构主要包括民众学校、聋哑学校以及社会教育人员训练机关等。民众学校一般采用半日制、夜校等形式进行识字教学和公民训练。1929年杭州就成立了专门的民众教育馆，教育馆由省立公众运动场及其附设场馆合并改组而成。为了规范民众教育的实施，浙江省于1929年颁布了《浙江省县市立民众学校暂行规程》《浙江省县市立中心民众学校暂行规程》以及《浙江省奖励各县市优良民众学校暂行办法》等一系列规程、办法。这些规程和办法将民众学校分为县市立、区立、乡镇立和私立及附设四种类型，还规定了每一级的民众学校授课时间应在一百六十小时至二百一十小时之间，学校应采用道尔顿制进行教学活动；中心民众学校自主编辑教材，向区内的民众提供识字服务；如果学校每期每级的毕业人数达三十人以上，学校对于教材编制、训育等有明显的实验成绩者，政府将其定为优良民众学校，并给予学校一定的奖励。[2]

---

[1] 张彬等著：《浙江教育发展史》，杭州出版社2008年版，第265页。
[2] 张彬等著：《浙江教育发展史》，杭州出版社2008年版，第280～283页。

蒋梦麟画像。
图片来源于浙江大
学校史馆。

杭州明鉴楼——蒋梦麟任浙大
校长时在杭州的住宅。图片来源于
谢鲁渤著《烛火的光焰——浙江大
学前传》。

协办国立艺术院

国立艺术院是中国美术学院的前身，是第一所综合性的国立高等艺术学府，是蔡元培美育教育思想的落实结果。蒋梦麟在国立艺术院的筹办过程中也担任了重要角色。

蔡元培致力于提倡美育，主张以美育替代宗教，并且提出了家庭美育、学校美育和社会美育的具体实施办法。经蔡元培等人的提议，国民政府分别于1927年和1928年在上海和杭州两地成立两所艺术院校，设在上海的是国立音乐院，设在杭州的是国立艺术院。

1927年，大学院下的专门委员会中成立了艺术教育委员会。蔡元培便邀请时任北京国立艺术专门学校校长的林风眠主持全国的艺术教育事宜，并出任艺术教育委员会主任一职。经过多次讨论，委员会最终决定将艺术大学的校址定在杭州西湖边上。因为时局的关系，南京虽然作为国都，但是"政治未上轨道，政潮起伏，常影响学校之秩序与安全"；西南地区风景虽好，但是交通不便；杭州不仅山水秀丽，交通方便，更是拥有绵长深厚的文化底蕴，可以弥补以上地区的不足。蔡元培认为杭州的庙宇建筑数量多而且宏丽，可以就地改造，如此便可省去一大部分的建筑用费。当时他还想着如果将来湖滨一带划归艺术大学管辖的话，可以再增设美术馆、音乐院等其他的美育场所，如此一来，就可以兴盛大规模的美育区域，对社会的艺术发展产生一定的影响。[1]

既然决定将校址定在杭州，那么接下来就是紧张的筹备阶段，林风眠和林

---

[1] 高平叔编：《蔡元培全集》（第5集），中华书局1988年版，第181页。

文铮等人负责具体的筹办事宜。但是在筹办过程中遇到的第一个棘手问题，就是校舍的租赁，西湖边建筑虽多，但是去哪里租到合适的校舍是个关键问题。这个时候蒋梦麟的出现起到了雪中送炭的作用，艺术大学筹办过程中，蒋梦麟在校舍方面给予了极大的帮助。

1928年1月，为校舍问题奔波多日的林风眠去上海与蔡元培再次商议，恰好这时，时任第三中山大学校长的蒋梦麟也正拜访蔡元培。蒋梦麟得知蔡元培等人正在为校舍问题忧愁时，便和两人一起讨论起校舍的选址问题来。经过商议，蒋梦麟决定将罗苑让给艺术大学作为校舍使用。罗苑是第三中山大学名下的场地，原本是一个叫哈同的犹太商人为他的中国妻子罗迦陵建造的花园，本来是私人产业，但由于花园的建造已经侵入了西湖的湖面，所以政府将其收回并交予第三中山大学管理。

罗苑与第三中山大学的本部距离比较远，蒋梦麟认为本部与罗苑的联络不是很方便，将罗苑让给艺术大学作为校舍使用，也是美事一桩，不仅解决了艺术大学的校舍选址问题，还可以促进美育事业在杭州甚至整个社会的发展。蔡元培与蒋梦麟本来就私交甚好，此事又关乎教育大计，于是蒋梦麟将罗苑租给艺术大学仅仅是收取象征性的租金——一元钱。

但在实际的学校建设中，罗苑的房屋数量并不能满足艺术大学的筹办要求。于是，蒋梦麟又向浙江省政府提出申请，将罗苑对面的照胆台、三贤祠以及苏东坡、白居易两公祠堂拨借给学校作为教室和宿舍，以资助艺术大学的办学。

艺术大学最终以"国立艺术院"的名称成立，并于1928年3月正式开课。艺术院设有中国画、西洋画、雕塑和图案等系，学制是五年，其中包括预科两年和本科三年，招收旧制中学毕业生入学，秋季开学时又增设了研究部。艺术院还聘请了国内外优秀的艺术教师，采取兼收并蓄的办学态度，各种艺术风格流派自由而和谐。蔡元培和蒋梦麟对于艺术院的发展都寄予了很大的期望，希望学

蒋梦麟书法。图片来源于
周斌编著《中国近现代书法家
辞典》。

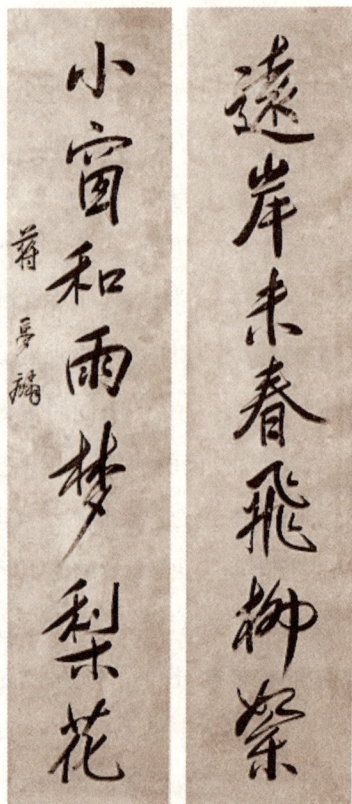

蒋梦麟书法。图片来源于石人和
主编《宁波历代书法集》。

生都能发现美、创造美。[1]

　　国立艺术院的创立，开始了"美育代宗教"的实践，揭开了中国高等美术教育的篇章，为美育事业的发展发挥了很大的促进作用。岁月流转，人事更迭，但是学府的精神不灭，薪火相传。

―――――――――

[1] 张彬 等著：《浙江教育发展史》，杭州出版社2008年版，第314～316页。

创办湘湖师范

湘湖师范是陶行知继南京晓庄师范之后直接参与创办的乡村师范学校,有"浙江的晓庄"之称。

1922年,新学制实施以后,浙江省将省立师范学校并入了省立中学。改组之后,省立中学在初中设置了三年制的师范讲习科,在高中设置了两年制的高中师范科。这样的合并使得浙江省的师范教育地位大大下降,独立的师范院校与中学合并,造成了师范生数量的逐年减少。1927年以后,浙江省政府大力提倡义务教育,普遍设立小学校以满足社会需求,此时的师资力量已经不能满足学校发展的要求,不少地方甚至出现师资匮乏的情况。于是,在大学院召开全国教育会议的时候就不断有提议要将师范院校与中学分离,二者相互独立。

1927年3月,陶行知在南京和平门创办了南京试验乡村师范学校,即南京晓庄师范。晓庄师范在培养乡村教师、推动乡村教育发展方面所取得的成绩始料未及,全国教育界纷纷响应,争先创办师范学校。在20世纪20年代后期,乡村师范的兴办热潮此起彼伏,浙江省自然也受到了较大影响。

大学区制实施以后,蒋梦麟担任第三中山大学校长之时,刘大白担任秘书长。刘大白作为一名白话诗人,对当时的传统教育颇感失望,认为传统的教育是看不到希望的,因此不断地向蒋梦麟提议,应该在浙江创办一所乡村师范学校。这个建议得到教育界很有声望的沈定一的赞同,因为沈定一在多年的教育实践中对乡村教育也持有很大的关注。蒋梦麟自己对此建议也表示支持,于是提议筹备浙江省自己的乡村师范学校。

1928年2月25日,浙江大学区召开关于乡村师范设立的第一次筹备会议。

刘大白代理蒋梦麟到场并致辞："……浙大鉴于师资之缺乏及一时不能创办大规模之师范学校，拟先成立乡村师范一所，树全省的模范……"沈定一、俞子夷等十三人出席了筹备会议。大会决定选取湘湖为试验区，等到浙江大学教育系成立之后，预备建设一所集中的大规模的师范院校；将来计划每县至少设立一所，并由浙大组织乡村师范指导委员会，预备委派人员分赴各县巡回指导；会议还指定周鸣和去湘湖查看校址。

第一次筹备会议召开之后不久，蒋梦麟和沈定一等人亲自去南京晓庄师范进行参观考察。蒋梦麟与陶行知本来就私交甚好，这次又是为了教育考察而去，自然受到陶行知的盛情款待。一行人参观考察晓庄师范后，一致认为晓庄师范的办学理念与他们所期待的不谋而合。于是，蒋梦麟盛情邀请陶行知到浙江来协助他一起创办浙江省的乡村师范。怀揣着教育救国梦想的陶行知自然毫不犹豫地答应了好友的邀约。

1928年4月1日，大学区召开了第二次筹备委员会议，陶行知应邀出席，蒋梦麟亲自主持大会。会议主要讨论了乡村师范成立计划的大纲等事宜，并且经委员们一致决议将创办浙江省立乡村师范的事宜委托给陶行知办理，至于经费问题，则由大学区全权负责。

1928年6月在湘湖召开了第三次筹备会议，出席的有蒋梦麟、刘大白、邵斐子等人，会议讨论了乡村师范的校长任命以及校舍等问题。与会者讨论后决定，校长由陶行知推荐的三位人选中择定一人；校舍在定山买地建造；招考章程则待校长订定。6月27日，陶行知与操震球、王琳和程本海一行四人来到杭州拜访蒋梦麟，并商议校务具体的进行事宜。

招生简章、学校预算以及教职员选聘的事宜有了初步的计划之后，陶行知、操震球以及朱葆初等人就去湘湖的定山实地勘察校址。湘湖水产丰富，湖边多山，山上果树繁多，而且当时的浙大农学院还开辟了湘湖的淤泥地作为农场。如此一来，湘湖的渔民、山民和农民都可以作为教育对象，在这里发展乡村教育事业再合适不过。陶行知等人经过考察之后决定在定山山顶建造学校的校舍，在山腰处建设一所小学。后因校舍不够用，就向湖中压湖山发展。压湖山上有座湘云寺，寺庙的建筑还算气派，就改为师范的校舍，并在定山与湘云寺之间建了长堤便于两区的联络。可见，百姓对于兴学是十分欢迎且竭力支持的，蒋梦麟创办的师范正好满足了广大乡村人民兴学的愿望。

各方面紧张的筹备之后，师范学校于1928年8月1日在浙江大学礼堂举行新生入学第一试，经复试录正取生三十余人、备取生十人。8月11日，国立浙江大学委任操震球为师范学校校长。10月1日，浙江省立乡村师范学校正式开学。因为学校建在湘湖，因此也被称作湘湖师范。校长操震球以及一批骨干教师都是由陶行知从南京晓庄师范中选拔之后推荐过来的。办学之初，湘湖师范的办学理念以及学校的硬件设施大致与南京晓庄师范相同，陶行知的生活教育理论渗透在学校的办学实践中。

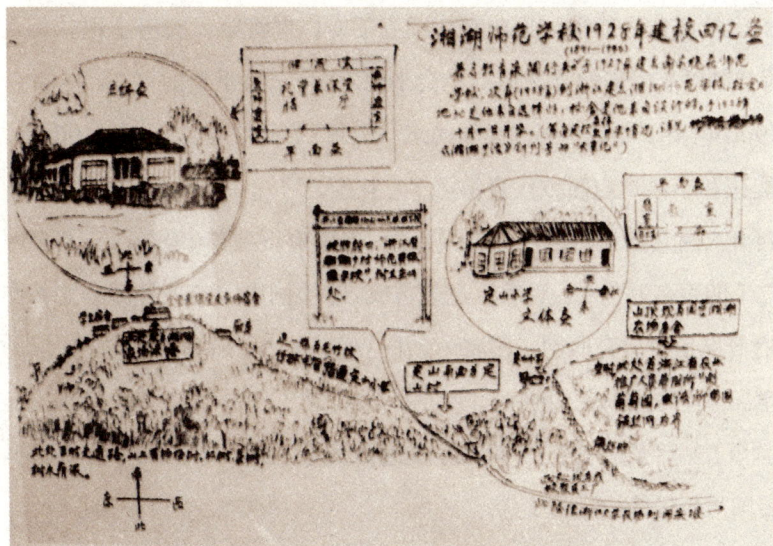

湘湖师范校友绘制的1928年建校回忆图。图片来源于杭州陶行知研究馆。

在蒋梦麟的大力支持及全校师生的共同努力之下，学校的办学规模不断扩大，师生人数不断增多，附属的小学及其他教育机构也相继成立。湘湖师范迅速发展成为仅次于南京晓庄师范的乡村师范学校，闻名省内外。[1]

湘湖师范的创办，注入了蒋梦麟和陶行知等人的心血与期盼，教育者们期盼湘湖师范的成功能够促进全浙江乡村教育事业的发展与进步。好在功夫不负有心人，湘湖师范不仅培养了一大批优秀的青年教师、提高了民众的文化知识水平，而且很大程度上鼓舞了蒋梦麟等人的教育改革士气、促进了浙江省师范教育及社会教育的发展。

管理教育基金会

中华教育文化基金会是1924年成立的专门保管第二次庚子退款的文化机构。蒋梦麟对于中华教育文化基金会来说，也是至关重要的存在。

1900年(庚子年)，中国的义和团运动引致八国联军武力干涉。1901年，清廷代表奕劻和李鸿章与西方代表签订了《辛丑条约》。《辛丑条约》中规定，清政府向西方八国共赔款白银四亿五千万两，美国应得到其中的三千二百多万两，折合二千四百多万美元。后来经过双方交涉，美国决定减免一部分赔款作为中国政府开展留美教育所用。中国政府用这笔钱开办了留美预备学校，资助留美学生学习。但美国减免的赔款并不是一次性退还，其间，中国教育界一直关注着退款事宜。蒋梦麟曾在中华教育改进社成立"赔款部"，为了余款之事还亲自去美国与负责机构进行交涉。

---

[1] 湘湖师范编委会：《生活教育之花盛开在湘湖师范》，四川教育出版社1988年版，第1～4页。

　　1924年，美国国会通过法案，批准减免应付庚子赔款的剩余部分，这笔减免赔款的数目为6137552.9元。中华教育文化基金会正是为了这笔款项而成立，其任务主要是分配中华文化教育所需的基金，以及监督从美国政府定期得到的基金是否用于可靠的投资。[1]基金会设置董事十五人，联合组成董事会，蒋梦麟是董事之一。

　　学者们认为现在各省虽然大力办教育，但是教育仍然没有兴盛起来，最大的原因是由于教育经费的缺失。热心国内教育的教育者都努力争取庚子赔款退还以便用作教育经费。

　　对于退款如何使用的问题，教育界意见不一。有学者建议建造壮观的建筑物，以"大"为首要。蒋梦麟、胡适等人则认为建造壮观建筑物实在是没有必要，将这笔钱用在学术发展上更有意义。二人经过磋商还草拟了赔款用途计划书，计划中赔款多用于开展讲座、购置图书以及设置留学奖学金之用。[2]

　　中华教育文化基金会的成立对于中国教育事业的发展提供了许多资金上的帮助，不仅开办了图书馆等公共图书机构，还设置了科研补助项目，并对表现优良的学术团体给予经济上的补助和支持。

　　1927年南京国民党政府成立之前，基金会一直顺利行使职权，但是政府成立之后，基金会面临了一个棘手的问题。时任外交总长的顾维钧回忆说："这个问题是由新教育部和财政部提出的。他们主张董事会监管的这一大笔基金不应全部投资于美国证券，即不应全部投于在纽约股票市场上的美国债券和股票，董事会的基金应以部分投于中国公债和中国其他的债券，否则就是不公平的。另一个引起激烈争论和麻烦的问题是：根据中美两国政府签订的协议精神，董事会实质上是一个永久的信托机构，它不受任何一方政府

---

[1] 中国社会科学院近代史研究所译：《顾维钧回忆录》（第1分册），中华书局2013年版，第344页。
[2] 孙善根：《走出象牙塔——蒋梦麟传》，杭州出版社2004年版，第134～135页。

的控制。然而，南京国民政府认为，既然这个机构掌握着公共基金，它就应该受教育部的领导和监督，对于董事会大部分成员是北京旧政府及北方的政治家和教育家这一事实也提出了批评。

1928年7月，国民政府命令取消中华教育文化基金会原来的董事会。同年10月，蒋梦麟担任教育部长之后，基金会的主要工作也落到了他的肩上。之前，蔡元培为了得到政府对基金会的支持，曾提议基金会董事由教育界公选、政府部门任命。蒋梦麟接手工作之后，为了使基金会既不被政府控制，又能得到政府的支持，便和胡适商议对基金会做一些改组工作。

11月底，政府部门由于革新计划调查的需要，要求蒋梦麟召开教育文化基金会的会议，将历年的经办事件作一系统报告，以便政府发展文化事业作一参考。[1]于是，蒋梦麟便邀请了各位董事共聚南京，商讨教育文化基金会的改组事宜。胡适与孙哲生探讨之后，对蒋梦麟的提议作了进一步的补充，他建议基金会的新董事最好致函旧董事会，表示情愿放弃董事资格，请董事会自由选举合适的人担任董事，如此一来，基金会董事的选举就避免了被政府干涉。对于这样的想法，蒋梦麟也欣然同意。[2]

12月，孟禄为了基金会的事情来到中国。此时，孟禄已经知道蒋梦麟有信请董事会开会，但是不知道原函的具体内容及其法律效力。胡适将北京基金会寄给蒋梦麟的原函翻译成英文，并给孟禄过目。孟禄看到关于基金会改组的事宜，感到有些法律上的困难。因为国民政府已经下令取消原来的基金董事会，那么接受美国财政部款项的机构就随之取消了，新的董事会还能不能继续得到美国政府的资金援助还是个问题。蒋梦麟和胡适听

[1] 胡适：《胡适全集》（第31卷），安徽教育出版社2003年版，第286页。
[2] 胡适：《胡适全集》（第31卷），安徽教育出版社2003年版，第288页。

后，立即感觉到事情的严重性。尤其是蒋梦麟，于是连夜又拟了一函："经启者顷悉贵会董事五人辞职后所遗缺额已选补汪兆铭、李煜瀛、伍朝枢、孙科、赵元任五君，至为欣幸。应请贵会早日召集新董事开会，继续行使一切职权，至纫公谊。"[1]蒋梦麟计划于1929年1月基金会开会选举出新的董事后，将此函交给旧董事会，使新董事会继续行使职权。

经过胡适、蔡元培等人和孟禄商议之后，孟禄认为非得再有一道政府的命令，这样才能使旧的董事会失去法律依据。胡适便立即电话联系蒋梦麟去上海商议。因为必须赶在1928年政府最后一次行政会议和国务会议之前向政府提出呈稿才有可能挽回事态，蒋梦麟怕是赶不及了，于是胡适替蒋梦麟起草了一个呈稿和一个指令稿。呈稿主要是呈请准予召集原有中华教育文化基金董事会开会办理改组。呈稿表示，自民国十四年以来，由美国财政部依据1925年7月16日之美国大总统命令，按月将庚子赔款的一部分支付给中华教育文化基金董事会，如果原有的董事会取消，则必须另有美国大总统的支付命令才能继续支付，"其间手续繁重，旷日持久，该基金董事会所经办之教育文化事业势必中道停顿。故职部现拟令原有之中华教育文化基金董事会即行召集开会，将应行改组事宜（依原有章程办妥，并将原有章程中与现行制度抵触之处依法修正，呈报备案）（妥善办理），以期于款项交替上不致发生障碍"。[2]而指令稿则是"国民政府行政院指令"，呈请准予召集原有中华教育文化基金董事会办理改组以利进行。胡适准备将两份稿子交给蒋梦麟在12月25日的行政会议上提出。孟禄看了之后认为是可以解决法律方面的问题了。随后到达上海的蒋梦麟也同意了胡适的做法。

---

[1] 胡适：《胡适全集》（第31卷），安徽教育出版社2003年版，第303页。
[2] 胡适：《胡适全集》（第31卷），安徽教育出版社2003年版，第307页。

中华文化教育基金会于1930年的合影。前排左起：赵元任、孙科、蔡元培、蒋梦麟、徐谟。图片来源于齐家莹编著《清华人物》。

12月25日，蒋梦麟致电告诉胡适拟稿全部通过。中华教育文化基金会的资金问题总算是有惊无险。

1929年1月，中华教育文化基金董事会在杭州召开第三次常会。会议主要是对基金会历年的经办事件作一报告；修改章程草案；旧董事会五人辞职，须改选五人；选出选补职员。[1]此次会议，蔡元培被选为董事长，蒋梦麟被选为副董事长。

中华教育文化基金会在之后中国教育事业的发展中起到了重要的作用，这与蒋梦麟、胡适等人的付出与努力是分不开的。

---

[1] 胡适：《胡适全集》（第31卷），安徽教育出版社2003年版，第311～316页。

就任教育部长

经过两年的试验，大学区制的弊端日益显现。教育完全脱离政治而独立的愿望虽然美好，但却不切实际。经亨颐等人多次提出议案要求取消中华民国大学院，改设国民政府教育部。教育独立梦想的幻灭令原本作为中华民国大学院院长的蔡元培无心继续任职，于1928年辞去职务。改设国民政府教育部后，蒋梦麟出任部长一职。1929年，试行两年的大学区制宣告废止。对此，蒋梦麟不无遗憾地说："培植这个制度和埋葬这个制度的都是我自己。"[1]

蒋梦麟（前左二）与全国教育会议代表合影。[2]

---

[1] 蒋梦麟：《西潮·新潮》，华文出版社2013年版，第159页。
[2] 马勇：《蒋梦麟图传》，湖北人民出版社2007年版，第118页。

蒋梦麟任教育部长的同时兼任浙江大学校长，由于工作需要经常在南京和杭州之间奔波。国民党一党独裁体制下的教育改革虽然困难，但是仍然阻碍不了蒋梦麟改革的决心。

蒋梦麟担任教育部长后，教育部颁布了一系列法令规范高等教育制度，推行国语教育，整顿私立学校以及教会学校等等，这些举措在困难中依然得到一定程度的落实，也出了一些成绩。1929年7月26日，教育部颁布《大学组织法》，8月14日，公布《大学规程》。《大学组织法》规定，大学应该以研究高深学术、养成专门人才为宗旨。

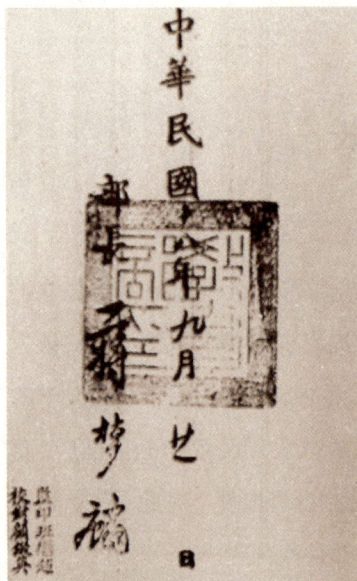

民国十八年蒋梦麟教育部长印。图片来源于浙江大学档案馆。

不管哪一类大学，其设立、变更及停办都需要经过教育部批准。为了克服1922年新学制允许设立单科大学后出现的滥设大学的弊端，《大学组织法》明确规定，大学分文、理、法、教育、农、工、商、医各学院，必须具备三个以上学院者始得称为大学，达不到条件，为独立学院，得分两科。《大学组织法》还对大学的内部行政作了规定。《大学规程》则对大学各学院以及独立学院各科的课程设置等事项作了规范。[1]同时，教育部还颁布了《专科学校组织法》和《专科学校规程》，对培养高级职业人才的专科学校培养目标、课程设置、考试制度等提出了要求。政府还公布了管理省立大学的相关法律，例如，要求各省立大学改组、停办或降格为学院。1929年9月，教育部令江西省教育厅停止筹备江西大学，所余款项用来普及教育及整顿中等教育改设专科学校。1930年，贵州大

---

[1] 于述胜：《中国教育制度通史》（第7卷），山东教育出版社2000年版，第182～183页。

学停办，山西大学重新改组。[1]所有这些举措都促进了高等教育走向制度化和正规化。

　　蒋梦麟尤为重视国语教育的推行。浙江大学区时期，蒋梦麟就提议颁布了多项法令，致力于推行白话文教育教学。出任教育部长之后，即通令中小学校厉行国语教育。虽然之前教育部国语统一筹备委员会议决以北平语为标准语，但是各小学并不注意实行，大多仍以方言教学。教育部认为语言隔膜也是造成国人不够团结的原因之一。语言是否统一，关乎民族的团结，这是民族的一种自然的力量。统一语言，推行国语教育，使得全民族情意相通，可以增强民族之间的了解与凝聚力。这也符合孙中山总理的遗训。[2]

1929年，教育部长蒋梦麟(右三)与组织部长陈果夫参加全国大学及专门学校党义教师检定委员会会议。图片来源于张韩主编《图说民国 百年叱咤风云录》。

[1] 金以林：《近代中国大学研究1895–1949》，中央文献出版社2000年版，第188页。
[2] 胡适：《胡适全集》（第31卷），安徽教育出版社2003年版，第601页。

张乃燕。

吴稚晖。

1930年，教育部通令各省教育厅、各特别市教育局，禁止使用文言教科书，并且规定试行部颁国语标准。之前，大学院通令小学一律用语体文教学，不准采用文言教科书。蒋梦麟担任教育部长之后，要求各省教育厅局不仅要遵照之前的命令实行，还务必按照教育部颁行的小学国语课程暂行标准开展教育教学工作。与此同时，教育部还强调了高中师范科和师范学校的发展重要性，令其积极开展国语的教育，以便于培养师资力量。[1]

教育部出于人才选拔的考虑，恢复了文官选拔考试制度。但是，此时的文官选拔考试制度不同于蒋梦麟之前经历的科举考试。考取文官的人没有之前那么风光耀眼了，考试成为一件平常的事情，考取之后更是没有高头大马游街的待遇了。[2]

教育改革虽然艰难，其在政治漩涡中的推进尚算安稳。但是，当教育改革遇上政治纷争，蒋梦麟也是无能为力的。这集中体现在中央大学易长和劳动大学停办这两件事情上。

1930年4月，教育部在划拨经费的时候发现国立中央大学和上海的劳动大学的经费存在问题。劳动大学原是国民党元老吴稚晖等人一手创

---

[1] 马勇：《蒋梦麟传》，红旗出版社2009年版，第265页。
[2] 蒋梦麟：《西潮·新潮》，华文出版社2013年版，第165页。

办的, 时由易培基任校长。但这所学校的办学成绩十分不好, 还常常蔑视教育部的法令规则。教育部讨论决定因经费的问题改组劳动大学, 责令其停止招生。教育部决定停办劳动大学的主张自然引起了吴稚晖等人的不满, 易培基也鼓动广大教职员联合起来一致反对教育部的命令。但蒋梦麟坚持自己的决策, 不肯给予吴稚晖等人通融的机会。国民政府于9月将劳动大学校长易培基免职。

国立中央大学的经费问题由来已久, 主要涉及中央财政和地方财政之争。1929年, 教育部和江苏省政府联席会议讨论中大经费问题, 最终讨论结果报经行政院以训令下达。中大的经费由江苏省教育经费管理处支给, 当年预算不足处由财政部补助。但是, 直到1930年, 财政部补助有三个月未付, 省拨经费也积欠一个半月, 此事引起中央大学师生的不满, 以至发生中大校长张乃燕同蒋梦麟相互责难的纠纷。[1]最终张乃燕辞去校长一职。经国民政府决定, 调朱家骅任中央大学校长。

在中央大学易长和劳动大学停办这两件事情上, 蒋梦麟的决策遭到国民党元老们的反对, 成为众矢之的。迫于政治压力, 蒋梦麟只好辞去教育部长一职。就在辞职的前夜, 吴稚晖还去教育部找到蒋梦麟兴师问罪, 替中央大学和劳动大学诉冤, 一气之下更是评判蒋梦麟没有"大臣之风"。在吴稚晖等人看来, 教育部长应该更多关心国家教育总体情势, 不应只对院校等琐事上心。面对吴稚晖的批评, 蒋梦麟只是恭恭敬敬地请他不要生气, 并没有反驳什么。[2]

对于蒋梦麟辞职一事, 陈布雷回忆道: "蒋梦麟的辞职跟国民党元老李石曾大有关系。李石曾把蒋梦麟看做是蔡元培提挈的人, 而教育部对李石曾曾经推荐到教育部的几位大学校长始终想裁掉, 教育部的做法引起了李石曾的不满, 于是张难先当上浙江省主席后, 李石曾竭力主张把蒋梦麟换掉。"[3]

---

[1] 朱斐主编:《东南大学史1902–1949》(第1卷), 东南大学出版社2012年版, 第173页。
[2] 蒋梦麟:《西潮·新潮》, 华文出版社2013年版, 第159页。
[3] 陈布雷著, 博瀚整理:《陈布雷自述》, 华文出版社2013年版, 第102页。

1930年11月，国民政府正式批准蒋梦麟辞任教育部长。

自小生长在吴越之地的蒋梦麟，自然深谙绍兴师爷大事化小、小事化了的本事，但是决心改革教育的他又不愿意对各方势力有所妥协，最后只能落得个碰壁受挫的收场。然而，主持教育所受的种种波折也让蒋梦麟深深体会到了思想革命的艰难性，这也算是他政治经验的一大收获吧。

六　中兴北大

　　1934年北大经济系毕业生与教师的合影。左六为蒋梦麟。图片来源于郭建荣、杨慕宇编著《北大的学子们》。

1931年1月，蒋梦麟接受国民政府的任命，回到北京出任北京大学校长一职。他抱着"中兴北大"的决心，征得中华教育文化基金会一百万元的援助，以"校长治校、教授治学、学生求学、职员治事"的理念再度革新北大；他改革北大的管理和教学体制，延聘全国有名的学术界名宿，新建地质馆、改造图书馆、改善学生宿舍。虽然出任北大校长的这段时间已经是国难当头，但蒋梦麟带领北大师生艰苦奋斗，努力给北大打下了一个坚实可靠的基础，重新塑造了北大学术中心的地位。

筹集经费

蒋梦麟最初对自己要不要回去做北大校长是犹豫的，因为他觉得当时的北京高等教育发展令人看不到希望和未来。正如胡适所说，蒋梦麟不肯回北大是"因为那个时候北平的高等教育已差不多到了山穷水尽的时候，他回去也无法整顿北京大学"。胡适明确地说："北京大学本来在北伐刚完成的时期已被贬作了'北平大学'的一个部门，到最近才恢复独立，校长是陈百年先生（大齐）。那时候，北京改成了北平，已不是向来人才集中的文化中心了，各方面的学人都纷纷南去了。一个大学教授的最高俸给还是每月三百元，还比不上政府各部的一个科长。北平的国立各校无法向外延揽人才，只好请那一班留在北平的教员尽量的兼课。几位最好的教员兼课也最多。例如温源宁先生当时就有'身兼三主任，五教授'的流言。结果是这班教员到处兼课，往往有一个人每星期兼课到四十小时的！也有排定时间表，有计划地在各校轮流辍课的！这班教员不但'生意兴隆'，并且'饭碗稳固'，不但外面人才不肯来同他们抢饭碗，他们还立了种种法制，保障他们自己的饭碗。例如北京大学的评议会就曾通过一个议决案，规定'辞退教授须经评议会通过'。在这种情形之下，孟邻迟疑不肯北来做北大校长，是我们一班朋友都能谅解的。"[1]

正是这样的环境，让蒋梦麟深感自己的能力不足以掌舵北大。但好友胡适和傅斯年等人一再劝说蒋梦麟不要放弃北京大学的工作。好在"那时有两个朋友最热心于北大的革新，一个是傅孟真，一个是美国人顾临（Roger S. Greene）。顾临是协和医学院的院长，也是中华教育文化基金董事会的董事"。[2]顾临和傅斯年经常找胡适商量将如何帮助蒋梦麟改革北大，如何从北大的改革影响到整个北平高等教育的革新。基于怎样筹得改革北大的经费是首先需要解决的问题，胡适、顾临和傅斯年经过长时间的讨论斟酌，决定寻求中华教育文化基金会的帮助，并且拟定了一个筹集经费的具体方案。

胡适将向基金会筹集经费的方案交给蒋梦麟。蒋梦麟看后很感动。朋友们的支持极大地鼓舞了蒋梦麟的决心，于是他答应了去北大主持改革的计划。此方案在1931年上海召开的中华教育文化基金董事会第五次常会上通过，基金会决定向北大提供资金帮助——基金会和北大双方每年分别提出二十万

---

[1] 胡适：《丁文江的传记》，《胡适全集》（第19卷），安徽教育出版社2003年版，第500页。
[2] 胡适：《丁文江的传记》，《胡适全集》（第19卷），安徽教育出版社2003年版，第500页。

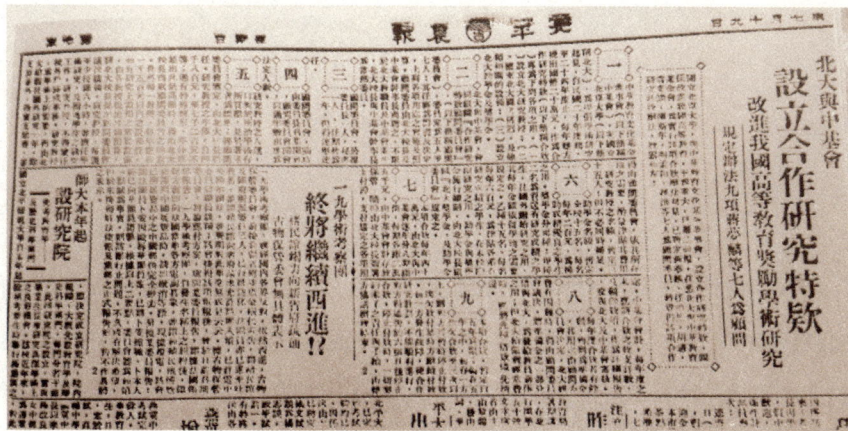

1931年7月，《北平晨报》关于研究特款的报道。图片来源于《北京大学图史》。

元，以五年为期，总共提出二百万元的合作特别款项，专门用来开办研究讲座、聘任教授和购置教学设备。

北大师生都期待能有一位全心全意致力于北大发展的校长。蒋梦麟的到来令大家欢欣不已，似乎看到了北大复兴的希望。

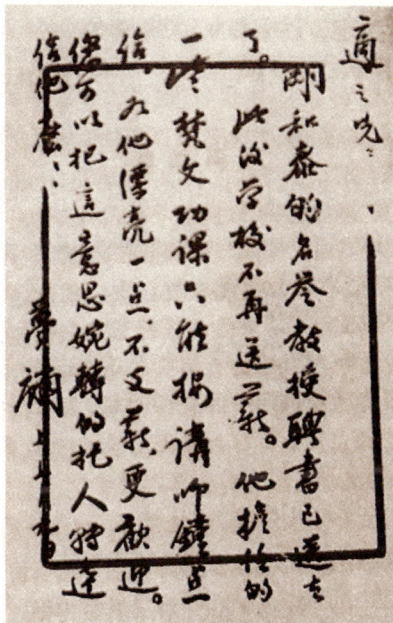

蒋梦麟与胡适来往书信手迹。[1]

[1] 孙善根：《走出象牙塔——蒋梦麟传》，杭州出版社2005年版，第145页。

校长治校

北大当时面临的外部环境纷繁复杂，同时，内部的学术氛围亟待改造。蒋梦麟就任北大校长之后便下定决心整顿学术，改造学术不良之风，维护学术自由的大学氛围。1931年，出于改组北大、发展高等教育的目的，蒋梦麟在北大纪念周上提出了"校长治校、教授治学、学生求学、职员治事"的办校理念方针。他认为校长应该为师生的学习和生活创造良好的条件和氛围，教授应该以学者为主要标准，延聘大师最为关键；学生课程方面应更加注重选课的质量，不要盲目追求选课的数量；学校会为学生尽量充实实验器材等硬件设施，以便学生求学方便；作为大学，最根本的还是应该树立科学的态度和基础。

南京国民政府于1929年颁布了《大学组织法》，这部法令对大学的管理结构体系作了一些调整，改变了之前大学效仿德国体现民主的教授治校的做法，转而向美国大学的管理制度学习，体现校长治校。该法令规定大学设校长一人，负责总理学校的校务工作；各个学院设立院长，由院长负责院务；各个学院之下设立学系，每个学系设立主任一人，由主任负责该系的各种教务事宜。[1] 如此一来，校长的权力得到加强，学校的内部组织成为了由学校到学院再到学系的三层体系。

为了加快北大的改革，蒋梦麟于1932年的6月依据《大学组织法》制定了《国立北京大学组织大纲》。《国立北京大学组织大纲》是在《大学组织法》的基础上依据北大的实际情况而制定的，将原先北大的学系制改为学院制，分设

---

[1] 张国有：《大学组织法》，《大学章程》（第1卷），北京大学出版社2011年版，第387～388页。

了文、理、法三个学院，并对北大的行政和教学制度都作了相应的变革。其中规定北京大学设置校长职务一人。校长是由国民政府任命的，而校长办公室设置的秘书职务则可以由校长自己聘任。大纲另外规定各个学院设置院长一人，院长负责处理各个学院的院务，由校长从教授中选聘。各个学系设置主任一人，主任商承院长主持各系教学实施之计划，由院长商请校长就本系教授中选聘。除此之外，还设置了课业处和秘书处，课业处设置课业长一人，课业长商承校长并商同各院院长总理学生课业事宜，由校长就教授中聘任；秘书处设置秘书长一人，秘书长商承校长处理全校事务上行政事宜，并监督所辖各机关，由校长就教授中聘任。[1]

从校长和院长的设置和聘任中可以看出，校长的权力明显加强。之前的各院院长是由本部的会员投票选举产生，改革之后则由校长从教授中聘任。而各个学系的主任也是由院长商请校长聘任的，教授以及副教授也都是由院长商请校长聘任。可以说校长拥有聘任职员的大权，职员聘任几乎都要经过校长同意。而院长和系主任的工作也都要商承校长。课业处的课业长也由校长从教授中选聘，课业长在处理学生课业事宜的时候也要商承校长，课业处下的各组主任也要由校长选聘。秘书处取代了之前的总务处秘书长，秘书处的事务员也要由校长选聘，而且秘书长在处理全校行政事务中也要商承校长。之前各个学院自己负责的教务和行政都划归课业处和秘书处负责。

蒋梦麟另外增设了校务会议、教务会议和行政会议。大纲第十四条规定设校务会议，由校长、秘书长、课业长、图书馆馆长、各学院院长、各学系主任及全体教授、副教授选出的代表若干人组织，校长为主席。其职权有：决定大学的预算，决定学院、学系之设立及废止，决定大学内部各项规程，校务改进事宜，校长交议事

---

[1] 张国有：《国立北京大学组织大纲》，《大学章程》（第1卷），北京大学出版社2011年版，第36～37页。

宜。大纲第十六条规定设行政会议，由校长、各学院院长、秘书长、课业长组织，校长为主席。其职权为：编制全校预算案、拟订学院及学系之设立与废止案、计划全校事务及教务改进督促事项和拟具其他建议与校务会议之方案。大纲第十八条规定设教务会议，由校长、各学院院长、各学系主任及课业长组织，校长为主席，课业长为秘书。其职权包括：审定全校课程、计划教务改良事项、决议学生试验事项、决议学生训育事项、审定毕业生成绩、决议校长交议之事项和建议提出校务会议之事项。[1]此外，北京大学还设立了院务会议、系务会议和事务会议。其中院务会议是由院长和系主任组成的，主要负责学院教学工作的计划以及教务的审议工作；而系务会议则由系主任、教授和副教授组织成，主要负责计划学系的教学工作；事务会议则是由秘书长和所辖的各组主任组成。

蒋梦麟设置的校务会议取代了之前的评议会。校务会议较之以前的评议会，增加了秘书长、课业长等职位。为了提高学校的行政效率，蒋梦麟还设置

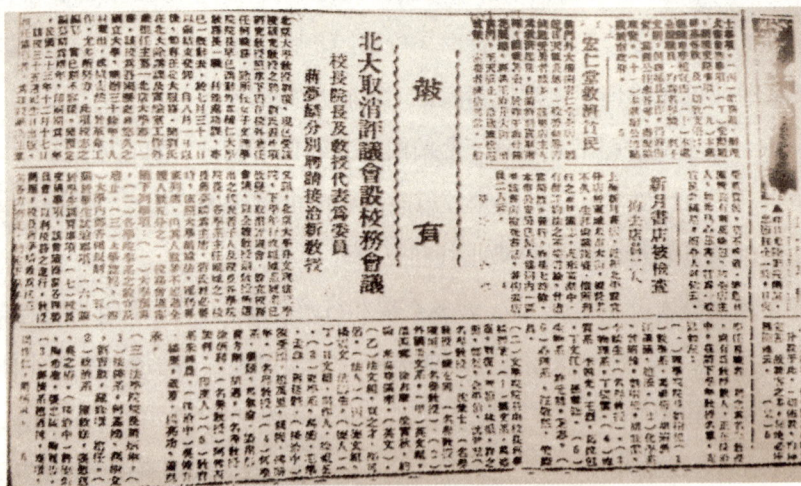

1931年7月31日，《京报》刊载关于蒋梦麟北大改革的消息 。图片来源于《北京大学图史》。

---

[1] 张国有：《国立北京大学组织大纲》，《大学章程》（第1卷），北京大学出版社2011年版，第38页。

了各种专门委员会，负责处理学校的各方面日常行政工作，有专管仪器的仪器委员会、负责图书的图书委员会以及专门的财务委员会等等。这些委员会的主席和委员都是要由校长选定后再由校务会议决定任命的。之前，北京大学行政机构中的职员是通过教授会选举产生，《国立北京大学组织大纲》颁布之后，行政机构人员必须经由校长选定。总的来说，就是校长的职权在加强，教授的参与明显减少。

教授治学

教学的关键在于教师。面对北京大学教授流失严重、师资不足的问题，蒋梦麟多方招纳贤才，整顿教师队伍，聘任了周炳琳、刘树杞、胡适分别担任法学院、理学院、文学院的院长，并让三位教授放心招纳贤才，不必计较各方阻力。1948年北京大学举办五十周年的校庆活动，胡适说起蒋梦麟重回北大这件事时用了这样的一段话："话说民国二十年一月，蒋梦麟先生受了政府的新任命，回到北大来做校长。他有中兴北大的决心，又得到了中华教育文化基金董事会的研究合作费国币一百万元的援助，所以他能放手做去，向全国去挑选教授与研究的人才。他是一个理想的校长，有魄力、有担当，他对我们三个院长说：'辞退旧人，我去做；选聘新人，你们去做。'"[1]

蒋梦麟先后奔赴南京、上海等地去拜见蒋介石等政界领导及蔡元培等文化界名人，想要取得他们对北京大学办学的支持，同时利用自己的人脉广泛地收集人才信息。

---

[1] 胡适：《北京大学五十周年》，《胡适全集》（第20卷），安徽教育出版社2003年版，第263页。

法学院院长兼经济学
系教授周炳琳

文学院院长兼教育学系主任、
哲学系教授胡适

理学院院长兼化学
系教授刘树杞

蒋梦麟聘请的法学院院长周炳琳、文学院院长胡适、理学院院长刘树杞。图片来源
于《北京大学图史》。

　　蒋梦麟为自己南下定了两项任务：一、向政府报告改革北京大学计划；二、
聘请教授。从南方返回时，已聘请到了李四光等十余名教授。但教授聘请工作
十分不易，蒋梦麟在此过程中深感中国人才的缺乏。他南下搜罗人才的事情还
被拿来开玩笑，说蒋梦麟担任教育部长的时候将人才都往南引进，现在当了北
大的校长，又将人才往北边挖去，教授们又都往北去了，南方的高校又该怎么
办？蒋梦麟为了顾全大局，只好放弃一部分与南方高校聘约未满的教授，待聘
约期到再议。[1]

　　许多北大的老教授们虽然人在南方，但是时刻心系北大。听到蒋梦麟要改
革北大的消息，这些老教授写信给蒋梦麟表示只要北大实行彻底的改革，他们
都愿意回北大共同奋斗。此外，蒋梦麟也写信给胡适，多次提到请胡适帮忙介
绍能胜任自然学科教学的教师。在蒋梦麟的努力下，北大汇集了一大批文理科

――――――――――――

[1] 王学珍、郭建荣主编：《蒋梦麟谈话》，《北京大学史料　第二卷 1912—1937 上》，北京大学
　　出版社2000年版，第71页。

一流专家学者,尤其促进了北大的理科教学和科研水平。

比如地质科学。蒋梦麟1930年将李四光从中央地质研究所聘回北大任地质系主任。李四光全身心投入教学和科研,讲授二年级的岩石学和构造地质学、三年级的高等岩石学、四年级的地壳构造等课程,并先后带领学生到北京西山、江西庐山、长江三峡等地实习,发表了《中国之构造格架》《中国之构造轮廓及其动力学解释》《中国地质学》等大量研究成果。[1]其间请梁思成设计、主持新建了地质馆,设立矿物、古生物学等实验室,建立了地质陈列室和研究室,为北京大学地质系的建设奠定了基础。

再比如化学。蒋梦麟1931年聘请曾昭抡担任化学系教授兼主任。曾昭抡清华出身,留美博士,原是中央大学化学系主任。据联大学生何兆武回忆:"朱家骅做中央大学校长的时候,有一次召集各系主任开会,曾昭抡来了,朱家骅不认得,问他是哪个系的。曾昭抡答是化学系的。朱家骅看他破破烂烂就说:'去把你们系主任找来开会。'曾昭抡没有答话,扭头走了出去,回宿舍后,卷起铺盖就离开了。"随后蒋梦麟就聘请他来到北大。曾昭抡来到北大后,添设备、买药品、扩建实验室,把在国外多年学到的绝招全部施展了出来,并天才地加以发挥,使北大化学系无论是人才还是设备,一跃成为全国业内最强的一个系,受到全国教育界的瞩目和称赞。[2]

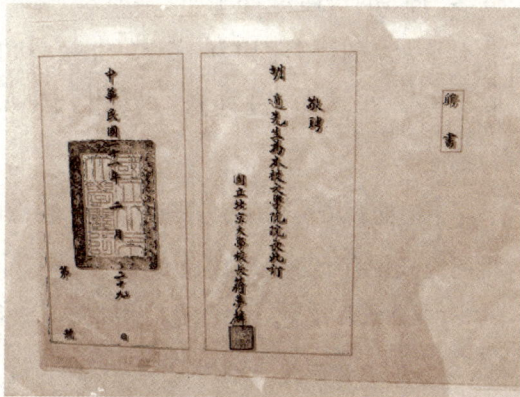

蒋梦麟聘胡适为文学院院长的聘书。图片来源于北京大学图书馆胡适文物展。

---

[1] 于洸:《李四光教授在北京大学》,《河北地质学院学报》1992年第5期。
[2] 岳南:《南渡北归·南渡》,湖南文艺出版社2015年版,第168～169页。

蒋梦麟在聘请教授的过程中意识到，对教育本身而言，如果不提高教授的待遇，又不提升图书馆等硬件设施，那么中国的高等教育是没有未来的；对社会而言，如果不整顿大学、培养人才，一旦工商业取得大的发展，大学培养的人才就不能满足社会发展的需要，如此一来又将陷入恶性循环。所以，蒋梦麟决心改变北大之前的教授制度。

　　首先，蒋梦麟建立了"研究教授"的制度。1931年与中华教育文化基金董事会建立的合作特款就是用于北大的师资和日常研究，这笔特款的主要项目就是建立"研究教授"的制度。研究教授的选任标准是"对于所治学术有所贡献，见于著述"。为了保证教授的学术研究，还规定"研究教授每周至少授课六小时，并担任学术研究及指导学生的研究工作，研究教授不得兼任校外教务或事务"。研究教授实行年度聘任制，年俸为"四千八百元至九千元不等，此外每一教授应有一千五百元以内之设备费"。[1]研究教授必须在年终时提交出自己的研究工作报告作为总结。可以看出，研究教授待遇比普通教授高出许多，每月的薪俸是当时国内其他大学教授的待遇所不能比的——1931年国立大学教师的月薪平均为一百六十五元六角，省立大学为二百一十七元五角，私立大学仅为一百二十四元三角。[2]

　　丰厚的薪资待遇吸引了许多学者、教授前往北大任职。蒋梦麟聘请的第一批研究教授有十五名，他们分别是：

理学院：丁文江　李四光　王守竞　汪敬熙
　　　　曾昭抡　刘树杞　冯祖荀　许　骧
文学院：周作人　汤用彤　陈受颐　刘　复　徐志摩

　[1]　胡适：《胡适全集》（第19卷），安徽教育出版社2003年版，第501页。
　[2]　南开大学校史编写组：《南开大学校史1919–1949》，南开大学出版社1989年版，第121页。

法学院：刘志扬　赵乃抟[1]

从1931年起，北大先后聘请了二十九位研究教授。

其次，为了解决教授兼职过多影响教学质量这一问题，蒋梦麟还建立了教授专任制度，聘请教授以专任为原则。专任教授的薪资要比兼职的教授高，在外校兼课过多的教授则降为讲师级别。为了保证教授的教学质量，蒋梦麟规定不再实行教授约满一年之后无限期续任的条例，而是与教授签订一年的合约，合约期满之后再续约。同时规定教授在聘约期限之内不得违约离职并且保证每个星期十二小时的授课时间。再加上丰厚的薪水待遇，教授得以专心研究学术、指导学生学习。[2]

1933年8月5日刊登的国立北京大学研究教授工作报告。图片来源于《北京大学图史》。

为了保障教授治学的实施，蒋梦麟购入大量图书仪器等设备，以在硬件设施上为教授提供帮助。同时还为教授提供更多的学习进修机会，不仅恢复了北大之前的月讲制度，定期邀请著名学者进行学术交流，而且还恢复了刊物的出版编辑工作，使得广大师生能够紧跟时代，把握学术发展脉搏。对于

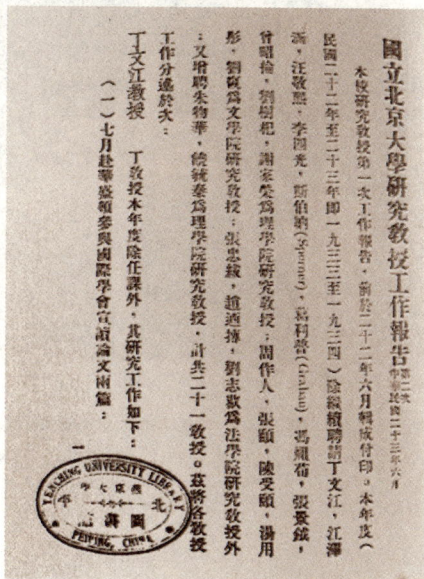

[1] 胡适：《胡适全集》（第19卷），安徽教育出版社2003年版，第501页。
[2] 萧超然：《北京大学校史》，北京大学出版社1988年版，第281～283页。

丹麦物理学家尼尔斯·玻尔1937年5月来北大讲学。前排左四至左八为曾昭抡、蒋梦麟、玻尔夫人、玻尔之子、玻尔。图片来源于北大校史馆。

工作表现良好的助教，工作五年以上即可获得出国留学继续深造的资助；对于工作期满五年的教授可申请一年的休假期，并且实行带薪休假制度。[1]

　　此外，蒋梦麟在教授的生活上也为教授治学提供了保障。据北大的老教授回忆，蒋梦麟整改北大之后，每个学系都有一个休息室，休息室是系主任办公的地方，教授们上课之前也可以在休息室中休息，休息的时候自然有人奉上热茶和毛巾；去教室上课的时候有人专门送上粉笔盒之类的用品。教授在这种细微之处的体贴中也感受到中国尊师重教传统的继承和发扬。不同院系之间的教授虽然交往不多，但是无形中仍有一种北大的团体精神。北大教授的工作和生活环境都有了提高，做起学术来自然也更加精神愉悦。蒋梦麟也因此在教职

---

[1] 孙善根：《走出象牙塔——蒋梦麟传》，杭州出版社2004年版，第161～163页。

员中获得了较高的威望。[1]

1932年，北大正式设立研究院，招收大学毕业生入研究院研习。研究院分三部，改研究所国学门为文史部，另增设自然科学、社会科学二部。1934年6月16日，遵照教育部颁发《大学研究院暂行组织规程》，改组北大研究院，分文科、法科、理科三个研究所，以各学院院长兼所主任，校长兼研究院院长。

选聘优秀的教职人员，升级北大研究院，改设学院制，招收研究生，出刊物，组织学术交流……这些促进北大复兴的实践落实都离不开蒋梦麟的魄力与组织。与此同时，蒋梦麟对学生的求学也作了要求，要求在校学生必须全面发展，文理科知识要兼备，中外文也要齐修，体育也是必修。这种通识的学习培养了许多优秀的人才。

盖有蒋梦麟校长印的研究院证明书。学生为中国科学院院士、地质学家董申保。图片来源于北京大学研究院编《继往开来——北京大学研究生教育90年》。

1937年第一届体育普及运动会部分运动员合影。图片来源于《北京大学图史》。

---

[1] 王开林：《国士无双—— 北京大学的龙虎象》，华文出版社2012年版，第100~101页。

学生求学

蒋梦麟于1932年12月制定了《国立北京大学学则》等一系列条例,针对学生的管理作了更细致的规定。

规定本科各系修业年限为四年,每学年上课的时间也要保证至少二十八个星期以上。取消了1919年开始实行的计算课程的单位制,开始实行学分制。规定"凡需课外自习之课目,以每周上课一小时满一学期者为一学分,实习及无需课外自习之课目以二小时为一学分",每个学生至少修满一百三十二学分才能毕业。

学生上课采用考勤的方式。缺课五分之一以上者扣除该科成绩的百分之五,缺课四分之一以上者扣除成绩的百分之十,缺课三分之一以上者则不能参加学期考试。必修科目补考不及格的学生必须重修,必修科目有两门以上不及格的学生只能留级。如果学生一学年之内的学分有二分之一以上不及格,或者因缺课超三分之一而扣考,都算作留级,并且没有补考资格。补考的分数只能按照教员所定分数的九折计算。学生连续两次留级,或者留级一次而本系必修科目仍有两种以上不及格,作退学处理。

各系规定了必修课和选修课的比例。所有一年级的学生入学之后要先修共同科目,同时选修将要转入系科的有关课程,经过一年的学习之后,才能正式成为有关学系的学生。与此同时,裁去了一些耗费精力但是对学生研究没有大用处的课程。各个学系的课程在原有的基础上进行增删,课程调整除了依据学科之外,还在一定程度上取决于教授的聘任情况。各系开设了专门化的课程,例如物理系的几何光学,中文系的音韵学、方言调查实习,外文系的英国文学研究、歌德的浮士德研究、现代法国文艺,史学系的春秋史、蒙古史研究等。北大还开设了有关马克思和社会主义学说的课程,有助于学生对于马克思主义的了解。虽然如此,北大对于学生选课并没有严格的规定,学生可以依据自己的喜好兴趣选择自己的课程。教授也鼓励学生专心发展自己喜爱的学科。[1]

有些学系结合学科的特点,组织学生开展参观、考察以及旅行等活动。这种活动虽然多由学生自由参加,经费也以自筹为主,但是学校也会给予部分补贴。[2]

北大坚持的是兼容并包的自由学风,课堂是公开的,本校学生和非本校学生都可以自由听课,校园的学术氛围浓厚。

针对当时民族危机日益严重、学生爱国运动此起彼伏的现状,蒋梦麟建议学生将抗日活动与读书学习结合。他一再教导学生不要做无谓的牺牲,"救国之要道,在从事增进文化之基础工作,而以自己的学问功夫为立脚点"。[3]

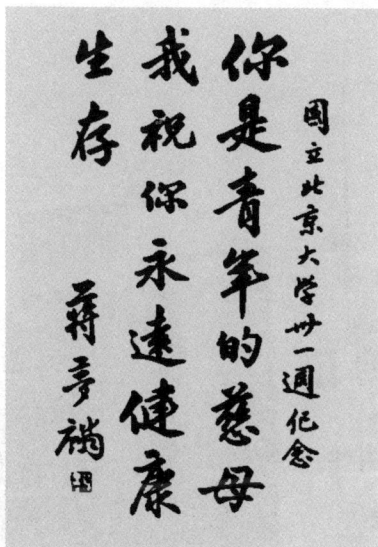

蒋梦麟为北京大学三十一周年纪念题词。图片来源于黄延复编著《图说老清华》。

国立北京大学廿一週纪念
你是青年的慈母
我祝你永远健康
生存
蒋梦麟

[1] 萧超然:《北京大学校史》,北京大学出版社1988年版,第284~285页。
[2] 萧超然:《北京大学校史》,北京大学出版社1988年版,第295页。
[3] 蒋梦麟:《初到北京大学时在学生欢迎会中之演讲》,曲士培:《蒋梦麟教育论著选》,人民教育出版社1995年版,第119页。

校馆建设

　　蒋梦麟在职期间非常注重北大自然学科的发展,不仅扩充了自然学科的师资,还增添了许多先进的仪器设备以供研究使用,并且逐步增加了自然学科的招生人数。在蒋梦麟的奔走、建设下,北大的化学、生物等自然学科发展迅速,此阶段还建设了国内高校中最早的地质系。由李四光主持、梁思成设计、地质系教授予以捐建的北大地质馆为北大地质系的研究工作提供了便利的条件。

李四光主持新建的北大地质馆。该馆由梁思成设计,地质系教授予以捐助。图片来源于《北京大学图史》。

1935年8月，新建的北大图书馆落成。图片来源于《北京大学图史》。

　　蒋梦麟改革教育教学发展，值得一提的还有北大的图书馆改造工作。由于时局政事等原因，北大图书馆的书籍流失严重。傅斯年就曾几次在小摊上见到北大的图书在被贩卖，其他教授也是经常遇见此种情况。蒋梦麟担任校长后，傅斯年建议蒋梦麟费心改造图书馆，将图书馆建成"教员的研究室、北大同学的读书室"。傅斯年认为若不增加刊物、扩充地盘，北大将永远不能成为一所学校，而是一个栖流之所。蒋梦麟本来就有改造之意，加之诸位职员相助，于是将图书馆改造列入重要日程。新建的北京大学图书馆于1934年落成，新馆仿照美国国会图书馆建设而成，分为中文、西文、期刊和指定参考书四个阅览室，有五百个座位，另有供教职员使用的二十四间研究室，书库有防火防潮设备。新馆落成，蒋梦麟又争取经费购置了大量图书。到1935年，图书馆藏书中有中文书籍十七万多册，外文书籍七万八千多册，中外文杂志四百多种，中外文报纸二十多种，还保存有一定数量的孤本、珍本和善本。北大图书馆是当时国内条件最好的图书馆，气派的美式建筑和海量的藏书以及全天候的开放为北大师生的学术研究提供了极大的便利。这样的图书馆在北京的高校中也是首屈一指，给北大增了不少的光。

　　蒋梦麟认为学生的学习也必须要有良好的环境，于是在改造图书馆的同时，还改善了学生的住宿条件。早在代理北大校务的时候，蒋梦麟就为学生宿舍的事情争取过经费，但是最后没有结果。这次出任校长，蒋梦麟在改善学生住宿条件上也花了不少心思。建造的新学生宿舍都是单间，条件可谓是相当优越，宿舍内的水电设施都是当时的先进水准，将清华等其他院校远远地比了下去。

化学实验室。图片来源于《北京大学图史》。

蒋梦麟规划下的北大学生宿舍。图片来源于《北京大学图史》。

1934年北大经济系毕业生与教师的合影。左六为蒋梦麟。图片来源于郭建荣、杨慕宇编著《北大的学子们》。

　　蒋梦麟提出的"校长治校、教授治学、学生求学、职员治事"的治校方针是相辅相成的。"教授治学"强调了教授的职责范围，对"校长治校，学生求学，职员治事"起到了协调和监督的作用，促进校长更好地治校，带动学生更积极地求学。

七　国难教育

中年蒋梦麟。

　　九一八事变之后，为保护北大这艘"学问之舟"，蒋梦麟竭智尽能，与日本侵略者斗智斗勇，为北大赢得了宝贵的七年发展时间。北平失陷后，蒋梦麟又历尽艰辛，先将北大内迁长沙，与国立清华大学和私立南开大学组建国立长沙临时大学，后又转迁昆明，以其兼容并包之精神，与清华、南开合力建设国立西南联合大学，继续培植人才，为国家保存了珍贵的教育种子。

北大的"中日交锋"

　　1931年至1937年的北平并不太平。日本侵略者对中国大地虎视眈眈。蒋梦麟竭智尽能引领着北大这艘"学问之舟"行驶在"中日冲突的惊涛骇浪"之中。1931年9月19日早晨，蒋梦麟正在北大校长办公室办公，突然响起的电话铃声划破了清晨的宁静。拿起电话的蒋梦麟听到一个惊人的消息：日本人于昨日突袭沈阳，发动了震惊中外的九一八事变。而国民党军队为了避免正面冲突，已经从沈阳撤军。

　　1932年1月，蒋梦麟因事去了南方一趟，本于28日下午回北平，可是一进上海车站就觉得事情不对。车站里完全没有平时的热闹景象。一位车站警卫告诉蒋梦麟说，日本可能马上要对上海发动攻击，现在车站已经没有往外开的车子了，劝蒋梦麟赶紧离开以保生命安全。

蒋梦麟只得在租界内找了家旅馆住下来。半夜被炮声惊醒，伴随着巨大炮声的还有一阵阵的机枪声音。蒋梦麟心里一惊，立刻从床上跳起来，跟着旅馆的人一起跑去屋顶观看事态的严重程度如何——原本宁静的夜空被漫天的炮火映得通红，炮声和枪声几乎持续了一夜，日军侵略的脚步似乎追随着蒋梦麟而来，从北平到了上海。第二天早上蒋梦麟再次爬上屋顶观望时，被轰炸之处已是一片狼藉，空中还有好几架轰炸机在轮番轰炸商务印书馆。商务印书馆正在大火中燃烧，火光漫天，黑烟滚滚，纸片碎屑四处飞溅，有些甚至还能看到印有"商务印书馆"的字样。看着宝贵的几十万册古籍化为灰烬，蒋梦麟心中一阵阵难过。此次南下，蒋梦麟亲眼目睹了"日本这个歹徒"制造的侵略中国上海的"一·二八"事件。

2月1日，蒋梦麟与蔡元培、刘光华、邹鲁、王世杰、梅贻琦等国立大学校长联名致电国际联盟。要求"迅速采取有效方法，制止日军此类破坏文化事业及人类进步之残暴行为"。[1]坚决声讨日本侵略者的侵略行径。

九一八事变后，日本陆续占领了中国的东北三省。"一·二八"事件后，中国又被迫准许日本在上海驻兵。接着，驻屯东三省的日本关东军又迅速向长城之内推进。

日本侵略者"谋财害命"式的侵略行径及国民政府当时的对日妥协，激发了北大师生的抗日热情。1931年9月，北大学生会抗日运动委员会致函校长蒋梦麟，认为如果想要打倒日本帝国主义，恢复国家领土，只有全国团结一致才能做到。信函中学生请学校当局严令全体同学一律参加学生军，并增加训练时间，添设军事学及战时国际公法等相关课程。信中可见北大学生的抗日决心。

---

[1] 马勇：《蒋梦麟传》，红旗出版社2009年版，第293页。

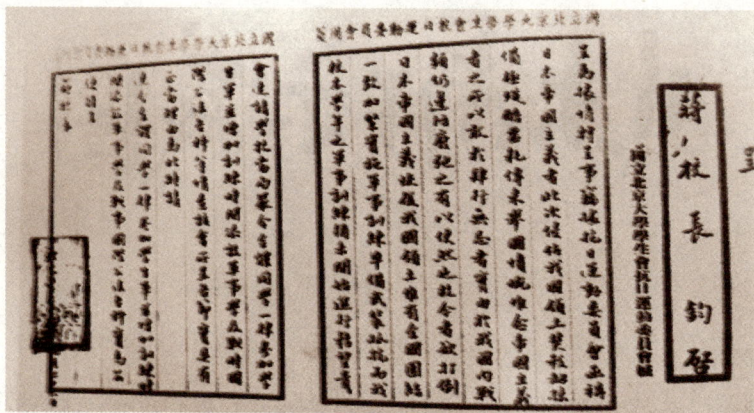

北大学生会抗日运动委员会致蒋梦麟校长函。图片来源于《北京大学图史》。

　　当日军向长城推进的时候，京沪一带的学生大声疾呼，要求政府立即对日宣战。从1931年9月开始，不断有学生派代表或自行结队去南京向国民党中央请愿。11月23日，清华大学学生请愿团准备乘火车南下，不料受到路局阻碍，不允许登车，学生便卧倒在铁轨上示威，最终路局方面妥协，学生请愿团南下成功。这次南下的成功开启了北平学生请愿示威运动的先河。

　　12月1日，北京大学三百余名学生组成南下示威团到南京示威。5日11时30分，北大学生的游行队伍开始出发，他们举着"北京大学南下示威团"和"反对政府出卖东三省"的横幅。当游行队伍走到成贤街附近时遭到军警打压，导致三十多名学生受重伤，一百八十五名学生被捕。被捕学生提出"不得自由，毋宁饿死"的口号，以绝食反抗逮捕。此次事件激起了各地学生的不满，使得斗争走向更大规模。12月4日下午，北平大学法商学院、女子文理学院、大同中学等九所大中学校二千多名学生，在北京前门东站卧轨示威，迫使政府当局允许其南下。[1]虽然蒋梦麟不主张学生举行影响学习的游行示威，但是这次学生南下，

---

[1] 中共北京市委党史研究室：《中国共产党北京历史》（第1卷），北京出版社2011年版，第192～193页。

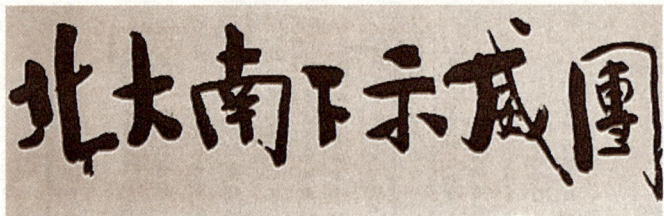

北大南下示威团图。图片来源于《北京大学图史》。

在蒋梦麟看来是值得记录的一场示威活动。

日本侵略者一直将北大视为反日运动的中心，所以经常有日本第五纵队的士兵、军官伪装成学者到北大去"拜访"，借着探讨学术的名义试探北大师生的对日态度，试图争取北大的"中日友谊"。北大教授们谨慎却毫不懦怯地告诉这些所谓的"学者"，北大不一定反日，但是北大反对日本的军国主义。曾经有一位日本学者和北大的教授们大谈中日文化关系，北大教授们明确地告诉这位学者，只要日本放弃对华的侵略行为，中日两国就能自然地坐在一起探讨文化关系与携手合作。[1]

然而，日本侵略者哪有合作之心，他们是"一心一意要灭亡中国"，驻扎东三省的关东军迅速向关内推进。国民政府军虽浴血抵抗，但最终不敌日军，撤退到北平及其近郊地区。为祖国奋战的伤兵络绎不绝，现有的医院已经接纳不了数量巨大的伤兵，北大教职员工毅然决定设立一所伤兵医院，用以救护伤员，蒋梦麟的夫人陶曾谷亲自负责院务的主持工作，北大的教职员夫人们和女学生负责伤员的看护工作。蒋梦麟在伤员的救治工作中得以直接接触到这些为祖国浴血奋战的战士，除了为他们不屈不挠的精神所感动外，更为他们作战武器的落后而痛心。

日军步步紧逼，战争在长城附近此起彼伏，当时的军政部长何应钦亲自指

---

[1] 蒋梦麟：《西潮·新潮》，华文出版社2013年版，第209页。

挥战事。蒋梦麟和何应钦一样，都希望能达成停战协议以换取更多的时间做迎战的准备。碍于何应钦军政部长的身份，二人商议由蒋梦麟出面拜访当时的英国驻华大使蓝浦生，询问其能否从中斡旋。蓝浦生告诉蒋梦麟，日本大使馆的官员须磨弥吉郎也曾对他表示过想要停战的想法。蒋梦麟就试探性地询问蓝浦生能否出任调人，帮助协商。蓝浦生十分乐意帮忙，立即就向伦敦发去电报请示。伦敦方面也回复同意由他出任调人，从中调节事宜。蒋梦麟等人得知这一消息后，赶紧请美国驻华大使向美国传达了这个消息。但是，计划和希望很快就落空、破灭——当时的外交部长罗文干得知蒋梦麟等人的行事之后十分不悦，他向在南京的英国大使表示，除了他本人，没有任何人有权利和外国进行外交事宜的交涉。蒋梦麟为停战付出的心血就付之东流了。

不久之后，日军突破长城防线，向北平逼近。1933年5月31日，国民政府和日本方面签订了丧权辱国的《塘沽协定》。规定中国军队撤至延庆、通州、宝坻、芦台所连之线以西、以南地区，以上地区以北、以东至长城沿线为非武装区，实际上承认了日本对东北、热河的占领，同时划绥东、察北、冀东为日军自由出入地区，从而为日军进一步侵占华北敞开了大门。北大教授们在这样的危急时刻带头发起宣言，声明北大师生誓死反对华北自治，誓死捍卫国家领土主权。

接着，蒋梦麟与北平教育界胡适、梅贻琦等二十余人联名发表宣言，反对华北自治。同时，蒋梦麟以北京大学校长的名义再次领衔发表宣言，坚决反对脱离中央组织的特殊政治机构的阴谋，清华、师大、燕大、平大校长及教授共二十余人连署签名。蒋梦麟俨然北平教育界"反对所谓中国自治运动的群众舆论领袖之一"，[1] 这让日本人非常不满。于是，在一两个月之后的一天下午，一个日本宪兵去北大找到正在办公的蒋梦麟，向他传达了一个消息，日本驻防军

---

[1] 马勇：《蒋梦麟传》，红旗出版社2009年版，第301页。

"邀请"他去坐一坐，解释一些事情。蒋梦麟听后虽觉事情不妙，但还是镇定地告诉宪兵，一个小时之内可以过去。

蒋梦麟担心自己此去凶多吉少，临走前特意通知了几位朋友。临近天黑的时候，蒋梦麟独自一人去了东交民巷的日本军营。宪兵带领蒋梦麟走进关东军参谋的办公室，刚进门就听见身后的门落了锁，一位日本大佐请蒋梦麟坐下。蒋梦麟淡定地落座，同时扫了四周一眼，发现站在门口的士官手里拿着手枪。

日本大佐佯装客气地递给蒋梦麟一支香烟，并说道："我们司令请你到这里来，是希望知道你为什么要进行大规模的反日宣传。"蒋梦麟机智地接过递来的香烟，说道："你说什么？我进行反日宣传？绝无其事！"于是日本大佐开始询问蒋梦麟是否在反对自治运动的宣言上签了字。蒋梦麟这才明白，原来此行主要是因为北大师生反对华北自治的宣言。他理了理思路，理直气壮地说自己是在宣言上签了字，这是中国内政问题，与反日运动没有任何关系。日本大佐听了之后，又问蒋梦麟是不是写过反日的书籍。蒋梦麟自然否认，一定要日本大佐拿出物证。日本大佐拿不出证据，只好作罢。

当日本大佐问蒋梦麟："你是日本的朋友吗？"蒋梦麟义正词严地回答："我是日本人民的朋友，但也是日本军国主义的敌人，正像我是中国军国主义的敌人一样。"哑口无言的日本大佐只好询问蒋梦麟是否愿意去大连与坂垣征四郎将军谈一谈。蒋梦麟当即拒绝了这一要求，并且明确表示："我不是怕，如果我真的怕，我也不会单独到这里来了。"蒋梦麟告诫日本大佐，如果全世界的人士知道日本军队绑架了北京大学的校长，日本军队就要沦为笑柄了。日本大佐听闻此言，脸色大变，最后与关东军司令电话联系后同意放蒋梦麟回去。此次以北大校长为主角的中日直接交锋以日本军队的失败而告终。[1]

之后，蒋梦麟的朋友劝他为了个人安全离开北京。蒋梦麟拒绝了朋友们的

---

[1] 蒋梦麟：《西潮·新潮》，华文出版社2013年版，第211～212页。

好意，毅然决定留在北平，与北大共度时艰。一段时间内，蒋梦麟的工作和生活都暂时平静，虽偶尔会有一些朝鲜浪人来打搅北大的安宁，但蒋梦麟认为这并无大碍，也就不去管它，他心里明白日本才是最大的后患所在，上次日军拉拢他失败之后不知又要要什么手段了。果然，不久之后日本人开始转变对北大的策略，企图建立和北大的"友谊"。

松室孝良是日本驻北平的特务机关长，在北平待了半年左右的时间。其间一直与蒋梦麟保持着非常友好的私人关系，他对于蒋梦麟被请去东交民巷一事表示很愤怒，并大骂那个要挟蒋梦麟的日本军官。后来松室孝良因公调离北平，二人以朋友的身份话别，谈起中日局势，都不免一番感慨，希望能以和为贵。

松室孝良走后，接任他的是今井武夫。今井武夫是日军"和平工作"的重要参与者，经常参与筹划收买、拉拢、诱降活动，在日本军国主义发动的全面侵华战争期间，他一直扮演着手持橄榄枝、玩弄和平的高级特务角色。他到来后，自然要去跟蒋梦麟示好。但蒋梦麟知道，日本人的策略就是设法与北大教授建立友谊，从而将北大拉进支持日本的阵营。

此后，日本在天津的驻军司令田代皖一郎还特意跑去北平，设宴款待中日双方的文武要员，蒋梦麟自然也在邀请之列。席间田代发表演说，鼓吹中日经济合作。蒋梦麟并未发表任何观点。谁料，几日之后南京忽然来了密电，告知蒋梦麟说，日本大使馆的官员暗示外交部说北大校长支持中日合作。

日本投降后，今井武夫在受降备忘录收据上签字。

听到这个消息，再想到此前日军的种种行为，蒋梦麟非常愤怒。他对日本人对付中国的手段进行了概括："先来一套甜言蜜语，继之挑拨阴谋，然后威胁恫吓，接着又是甜言蜜语，最后施行闪电攻击。"[1]

在国难最初的七年内，凭着勇敢、机智和谨慎，再加上胡适、丁文江和傅斯年等朋友的鼎力相助，蒋梦麟带领着北大教授认真从事研究，引导着北大学生集中精力追求学问。北大科学教学和学术研究的水准非但没有因为"中日冲突中的惊涛骇浪"而受到影响，反而在一颗颗民主救亡爱国心的激励下获得了提高。

北平失陷

1937年初，北平附近各种战端迭起，战事一触即发，此时的北平已经成为中日冲突的焦点。7月7日，日军挑起事端发动了卢沟桥事变，夜色中日军的枪炮声从卢沟桥逼近北平，北平城内的驻军予以反击。自此，中日战争全面爆发。

而这段时间蒋梦麟正身处江西庐山——蒋介石召集了一大批知识分子在庐山商讨军国大事。一个宁静的下午，蓝天飘着白云，绿草映着红花，到处弥漫着自然的芬芳气息，蒋梦麟站在休息室的窗台前眺望远方，突然听到一阵急促的敲门声，来者是中央日报社的程沧波社长。程沧波告诉蒋梦麟日军在前一天晚上发动了卢沟桥事变，战事已经开始。蒋梦麟一惊，赶紧追问详情，可是对方也是所知不多，只是将这一消息告知大家。

蒋梦麟根据自己和日本士官们的接触，觉得日军对华作战的态度还是比

---

[1] 蒋梦麟：《西潮·新潮》，华文出版社2013年版，第214页。

较保守的，所以他当时的想法是卢沟桥事变引发的战争有可能还是局部战争，但是这种局部战争带来的后果也是不可忽视，数年之后日本极有可能稳固在华北地区的统治，取得战争的有利优势，到那个时候，长江流域就危在旦夕了。蒋梦麟当时认为，日本的意图是从东北到华北，再到华中华南，步步掠夺，蚕食中国。

可是十二天以后，北平城外的零星战斗还在继续。蒋介石意识到这不再是日本蚕食中国的局部战争，而是日军对中国发动全面攻击的开始，他对几千名在庐山训练团受训的将领发表演说，号召各位将士不畏牺牲，不计代价保卫国家。

庐山会议后，蒋梦麟放心不下北平的工作，打算立即从南京返回北平。可是到了南京一看才知道往北平的火车已经全部停运，只得和朋友们暂时滞留南京。

此时，国民政府想要将战争控制在局部范围。兼程北上支援北平的中央部队在保定驻扎下来。但日本侵略者并未停止攻击，驻守北平的宋哲元将军不得不放弃抵抗，撤离北平。日军侵入北平，如入无人之境。北平失陷。

虽然没有人知道日军控制北平以后会对中国采取何种措施，但是全国上下，包括政府官员、军事将领和平民百姓，全面抵抗日军侵略的态度非常坚决。这时，日本已派先遣部队经由海上抵达上海附近海域。国民政府赶紧派兵从长江一路东下，在上海附近与日军对峙。

此时的蒋梦麟已经预感到战争的狂风暴雨即将横扫全国。北平已然回不去了，于是他离开南京去了杭州，暂住在杭州的朋友王文伯处。王文伯此时是浙江省政府委员兼建设厅厅长。老友重逢自然高兴，但是他们也时时刻刻担心上海的战事。王文伯时常往上海打电话探听消息，可是一直没有结果，一直到8月12日这天，上海方面急匆匆地回复王文伯说第二天会有消息。果然第二天上午十点，上海附近的日本部队和国民党部队终于展开正面交锋，轰炸机的声音此起彼伏，枪炮声不断，硝烟四起。日本侵略者终于改变了蚕食中国的计划，想要一口吞并中国，想要全面霸占中国丰富的自然资源。可是顽强的中国人民又岂能甘为奴隶？这定是一场全民抗战的民族战争！

疯狂的日本侵略者是不会满足于对北平和上海的侵略，两天以后就将魔爪伸向了杭州和南京等城市。日军从台湾松山机场派出七架轰炸机到杭州执行轰炸任务。驻扎笕桥的中国战斗机当即升空拦截，击落五架日机，另有两架日机在逃命中被迫降落，飞行员被俘。这是蒋梦麟亲眼目睹的一次令人振奋的抗击日军场景。

日军轰炸杭州未遂的第二天便开始了对南京的轰炸，炸弹分散投入南京的不同地段——城内人心惶惶。

上海战事不断，难民纷纷涌入就近的杭州城内，各个庙宇成了难民的临时栖身之所。蒋梦麟的一位朋友这时也从上海逃来杭州避难，带着家人在庙宇暂时住下，朋友告诉蒋梦麟，自己想在杭州盖一所房子安顿妻女。蒋梦麟听后十分震惊，劝他不要在杭州久留，因为战争应该很快就会波及杭州，沿海城市都不会安宁。这位朋友当时听着蒋梦麟对战事的分析，有些不敢相信，不过后来在重庆又与蒋梦麟重逢，原来他最终还是听从了蒋梦麟的劝告，在战事还未波及杭州时就搬去内地了。

不久，胡适从南京打来电话，想要蒋梦麟回到南京，一起商议战时学校内迁之事。蒋梦麟想到战事持久，不知何时能够结束，一旦学校内迁，恐怕再也没有机会见到父亲和故乡的亲人，于是在回南京之前向朋友借了辆轿车回了一趟老家。

蒋梦麟的父亲年事已高，见到心爱的小儿子回来心里十分高兴。父子二人静静地享受了一小段难得的重聚时光。在家停留了几天，蒋梦麟就准备返回南京了。离家前父子二人说起中国战事的问题，蒋梦麟告诉父亲，牺牲是在所难免的，但是中国一定会取得最终的胜利。

　　面对年迈的父亲，蒋梦麟觉得父亲给予他的实在太多，而自己所能回报的又是那么微不足道。而且他心中有一种不祥的预感——这次分别或许是和父亲的最后一面。两年后，蒋梦麟的父亲告别人世，二人终究没能再见一面，这也成为蒋梦麟心中不可弥补的缺憾。

迁校长沙

　　战争给教育带来不可估量的破坏，日军的文化控制逐渐加强，教师和学生渐渐失去精神的自由。教育界人士为此深感痛心，一面呼吁积极抗日，一面考虑如何保全学校——继续传承知识和文化。鉴于内地的环境比沿海地区安全许多，许多沿海省份的大学纷纷考虑将学校内迁。

　　此时的国民政府尚在南京。一些院校开始南迁，教员和学生也纷纷随着学校向南或者其他的地方转移。政府见此情景，便决定在后方成立两所联合大学，校址分别设立在长沙和西安。

　　胡适请蒋梦麟回南京，就是为了讨论大学内迁并成立联合大学的事宜。奉当时教育部令，北平的国立北京大学、国立清华大学和天津的私立南开大学从北方撤退到相对和平的长沙，成立一所联合大学，以便于给学生提供一个安全的求学之处。

　　1937年8月，联合大学筹备委员会在南京成立。时任教育部部长的王世杰担任主任委员，北京大学校长蒋梦麟、清华大学校长梅贻琦、南开大学校长张伯苓、湖南教育厅长朱经农、北大教授胡适等为委员，筹备大学内迁事宜。8月28日，教育部任命蒋梦麟、梅贻琦、张伯苓三位校长为长沙临时大学筹委会的常务委员，设立秘书处，由杨振声担任秘书处主任。筹委会主要负责校址、师资、学生以及教学设备等问题。

委员会的成员们到达长沙后，来不及多歇息就开始着手准备学校的事情。联合大学租来长沙圣经学校、德涵女校旧地和四十九标营房作为临时的校舍，而书籍和很多实验仪器则是从香港购置运过来的。9月8日，国立长沙临时联合大学成立，北大、清华、南开三所大学的教授和学生陆续报到。战争破坏了正常的交通，学生们想要到达长沙也不是容易的事情，有的学生是从天津搭乘英国的轮船先到达香港，再乘飞机或是从粤汉铁路坐火车过去；有的则要先从北平出发，经平汉铁路去汉口，再从汉口坐火车到达长沙。一路艰辛的跋涉阻止不了一颗颗求学的心，不到两个月就有二百多名教授来到长沙，注册的学生除

中年蒋梦麟。

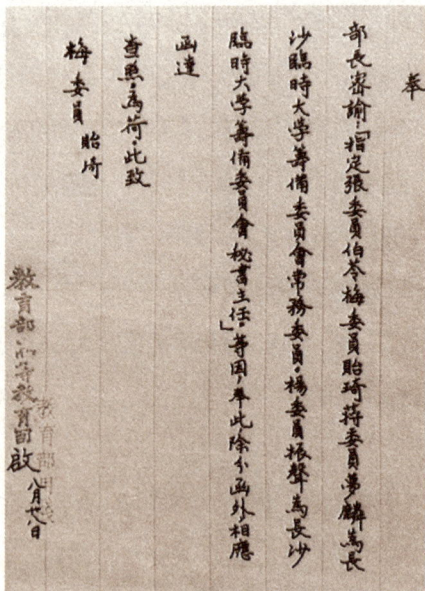

1937年国民政府教育部关于任命蒋梦麟等人为长沙临时大学负责人的密谕。图片来源于顾良飞主编《清华大学档案精品集》。

长沙临时大学呈报教职员和学生人数。图片来源于顾良飞主编
《清华大学档案精品集》。

了三所院校原来的学生约一千二百五十人外，还有从其他学校转来的借读生，大概二百二十人左右。11月1日大学正式复课，尽管条件艰苦，但是教师和学生们还是为能继续教书、读书感到欣慰。

联合大学的三个学校本来院系众多，校风不同，思想不同，历史各异，这给联合大学的管理带来了困难。为了适应战时的特殊情况，联合大学对院系做了一些调整，将原来的院系合并为文、理、工、法商四个学院十七个系。校务由蒋梦麟、张伯苓和梅贻琦三位校长共同组成的常务委员会主持，蒋梦麟兼任总务长，张伯苓兼任建设长，梅贻琦则主要负责教务，担任教务长一职。

由于校舍紧张，长沙城内找不到更多合适的地方来充当校舍，蒋梦麟等人决定将文学院搬到佛教圣地衡山。蒋梦麟曾去过衡山两次，对那里比较熟悉，所以又亲自去勘察校址并成功租到校舍。由于衡山离长沙市区较远，故而文学院又被称为"长沙临时联合大学南岳分校"。衡山校区风景优美，是个适合读书的安静场所，但是由于地处偏远，生活自然比不过长沙，又加上战争带来的

各种不便，师生们常常吃不到新鲜的饭菜。教授们住的地方在山坡上，上课或者吃饭都要上下很多台阶，有些老教授开始的时候还是有些吃不消，后来也就适应下来了。

然而，还没等长沙临时联合大学全面安顿下来，日本侵略者的脚步又逼近了。在上海，抵御日军枪林弹雨三个月之久的国民党军队，为了避免继续无谓的牺牲，最后决定撤离上海。日军占领上海后，又很快包围、并以暴行占领了南京。

日军逼近南昌，大有进攻长沙的意图。中国的军队也集结在汉口附近，随时准备作战。长沙危在旦夕，联大的决策者们不得不考虑将联合大学再往西迁。于是，蒋梦麟冒着危险乘飞机到了汉口，拜访了当时的教育部部长陈立夫，就联大西迁事宜想探探他的意见。陈立夫说自己也不能作主，建议蒋梦麟

长沙临时联合大学租来的校舍——长沙韭菜园圣经学校。图片来源于《北京大学图史》。

亲自去找蒋介石。蒋梦麟立即就去拜见了蒋介石，提出将联合大学再次西迁的想法，并提议将联大迁往昆明，因为昆明有滇越铁路，可与海运衔接起来，交通更为方便。蒋介石当即表示同意这个计划，并提议应该先派人到昆明去考察情况，勘寻校址。

联大建设

1938年1月20日，长沙临时大学第四十三次常委会作出"即日开始放寒假，下学期在昆明上课"的决议，规定全体师生于3月15日前在昆明报到。常委会通过了一系列关于迁校的具体办法，组建了由蒋梦麟为主任的昆明办事处。[1] 蒋梦麟等人就开始着手准备搬迁事宜，购置了卡车，准备好了充足的汽油，将书籍和一些科学仪器都装了箱，只等政府的正式搬迁通告。时间在不知不觉中过去，2月间，搬迁的准备工作都已经差不多完成，经政府核准，长沙临时大学将于2月底向西南迁去昆明。

蒋梦麟从长沙到昆明也是颇费周折。国内的铁路已经遭到破坏，他需要先从长沙飞到香港，之后搭乘法国的邮船到达越南的海防，再从越南海防转乘火车到越南首府河内，然后从河内经滇越铁路，穿过崇山峻岭才能到达昆明。由于战事阻隔，迁往昆明的师生分为两批。一批是少数教授和三百多名男生一起徒步从长沙出发。这一批主要是身强体壮的男生和教师护卫队，想要参加步行的学生要经过全面的体格检查，只有体格健壮的男生才有资格参与徒步旅行团。学生们纷纷报名参加筛选，希望自己不被淘汰，有些学生甚至认为参加

---

[1] 岳南：《南渡北归·南渡》，湖南文艺出版社2015年版，第156页。

徒步旅行团去西南，比起经海路走的学生要更加爱国。经选拔通过的师生从湖南长沙徒步到云南昆明，要穿过多山的贵州地区，全程大约三千五百公里。这批师生一路小心翼翼地穿越在崇山峻岭中，历时两个月零十天左右，终于在4月到达昆明。而另一批大概八百人左右，主要是女生、体弱的男生和教师以及家属们。这一批走的是铁路—海路的路线：搭乘火车经粤汉铁路先到广州，从广州再坐船去香港，从香港转到海防，再由海防搭乘火车经滇越铁路到达昆明。虽然也是一路波折，但是搭火车和轮船总是要方便许多，这一批人只用了大概半个月时间就抵达昆明。在大多数师生迁往西南的同时，还有三百五十多名学生没有转去昆明，而是留在长沙参加了各种战时机构，为战争中的国家贡献自己的力量。

徒步旅行团穿过湘西、贵州等地区，经历了身体和精神的极大考验，终于到达云南境内，其中的艰辛不一而足。最终到达昆明之时，蒋梦麟和梅贻琦亲自去迎接他们，搭乘交通工具先到的师生还拉起大大的"慰劳湘黔滇旅行团"横幅，唱起赵元任写的歌曲，短暂的欢迎仪式温馨而感人，一路的亲身经历和所见所闻也让师生感慨良多。[1]从长沙到昆明的文化长征令许多学者动容。此时远在国外的胡适听说之后也大为感动，认为这不仅是联大的光荣，也是教育史上值得纪念的事情。

长沙临时大学迁往昆明之后，1938年4月接政府通令，改名为"国立西南联合大学"，简称"联大"。

---

[1] 易社强：《战争与革命中的西南联大》，九州出版社2012年版，第46页。

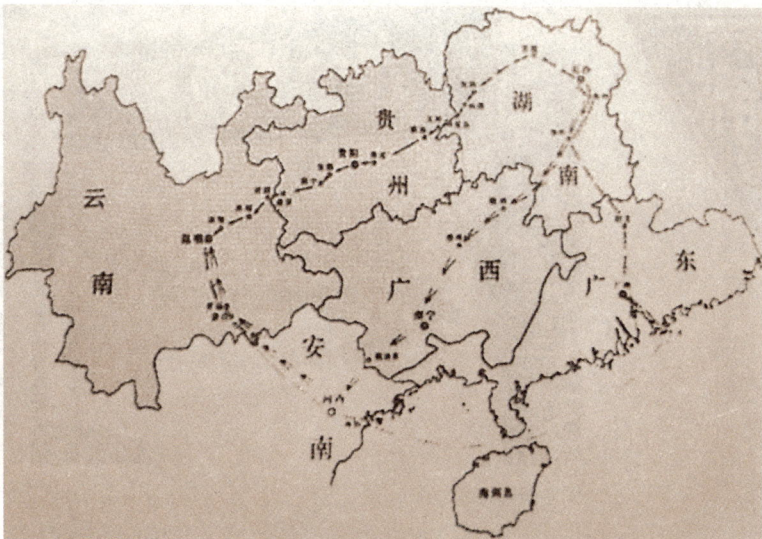

师生入滇示意图。图片来源于《北京大学校史》。

湘黔滇旅行团抵达昆明。图中横幅写着：国立西南联合大学慰劳湘黔滇旅行团。[1]

---

[1] 李海燕等：《光影记录"我的长征"》，《每日新报》2009年3月12日。

联大校徽。

国立西南联合大学校门。

　　由于一时间涌入大量的师生，昆明城内不能立刻找到合适的房子容纳这些新来的客人。一次，正为校舍问题发愁的蒋梦麟在昆明街头邂逅了一位联大教授的朋友，这位朋友是碧石铁路的工作人员，他告诉蒋梦麟，云南第二大城市蒙自有许多闲置不用的房子，建议蒋梦麟赶紧去蒙自实地考察一下。蒋梦麟听到这个消息连忙亲自去蒙自寻找住所。最终，蒋梦麟的辛苦没有白费，他在蒙自找到了闲置不用的楼房：蒙自的海关大楼和法国领事馆。[1]这些住所是近代中国遭受西方列强欺侮的物证，中法战争之后，清政府与法国签订不平等条约，蒙自被划为通商口岸，蒙自海关和法国领事馆随后建成。不过联大搬至昆明之时，这两个机构都已经搬到了蒙自的其他地方。蒋梦麟考察了蒙自后，认为蒙自城镇虽小，但是交通便利，铁路与外界互通，万一发生战事也方便学生撤离。

　　[1] 易社强：《战争与革命中的西南联大》，九州出版社2012年版，第53页。

蒙自分校校门。图片来源于《北京大学图史》。

1938年2月底，蒋梦麟给长沙临大外文系主任叶公超拍发一份电报。内称："昆明校舍无着，工料两难，建筑需时。蒙自海关银行等处闲置，房屋相连，可容九百人，据视察报告，气候花木均佳，堪作校址。" 3月14日下午，蒋梦麟由蒙自返回昆明，召集张伯苓、周炳琳、施嘉炀、吴有训、秦缵、郑天挺等校务负责人在昆明全蜀会馆开会，决定联大文法学院设在蒙自，暂名蒙自分校，并派出郑天挺（北大）、王明之（清华）、杨石先（南

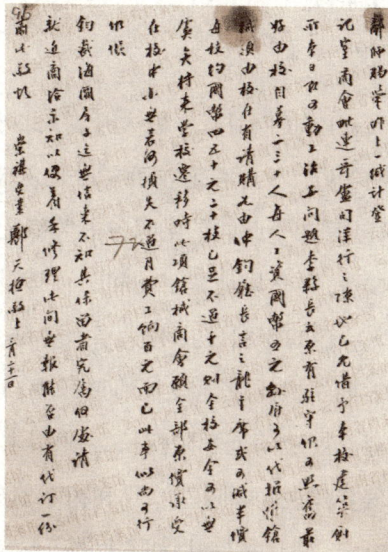

郑天挺给恩师蒋梦麟亲笔书信，报告蒙自分校筹备情况。（1938年3月21日）[1]

[1] 云南省档案馆：《全民族抗战云南档案记忆（三）：西南联大 谱写华章》，云南网2015年7月22日。

工学院校舍迤西会馆。图片来源于
《北京大学图史》。

开）前去筹备。[1]

蒋梦麟起初想要将工学院留在蒙自，并与工学院院长施嘉炀商讨此事。但施嘉炀看过实地之后，考虑到蒙自不便于放置科学研究的仪器设备，没有采纳蒋梦麟的建议。蒋梦麟最终决定先将文学院和法商学院暂时设在蒙自，以蒙自的海关和法国银行作为临时的校舍，等昆明的新校区建成之后再将两个学院迁回，理学院和工学院则留在昆明。经过多方的协商，理学院的办学场地设在昆明西北角零散的住房里，工学院设在全蜀会馆和迤西会馆之内。

1938年5月4日，联大开课，此时四个学院的学生总数大概有一千三百多人。同年9月，文学院和法商学院也从蒙自迁回昆明，因为蒙自海关大楼被空军学校征用。由于此时的昆明各中学都迁往乡下去了，留下的校舍可以出租，联大租来校舍，办学场地紧张的问题有所缓解。

1938年8月初，联大奉教育部令增设师范学院。蒋梦麟找到在长沙临时大学期间担任过建设长的黄钰生，请他担任联大师范学院院长。黄钰生表示教育部规定师范学院院长必须由国民党员担任，说他不是国民党员，怕不够格。蒋梦麟说："那好办，我和梅贻琦先生介绍你入党好了。"8月16日，联大常委会决定，聘任黄钰生为联大师范学院院长，将原北大教育系、南开哲学心理教育系的教育组以及云南大学教育系的师生划归联大师范学院，设立教育、公民训

---

[1] 岳南：《南渡北归·南渡》，湖南文艺出版社2015年版，第428~429页。

育、国文、英语、史地、数学、理化等七个学系,招收五年制本科师范生。1938
年12月正式上课。[1]师范学院的增设,再加上校舍问题顺利解决,让蒋梦麟有
种"双喜临门"的感觉。

西南联大新校舍。图片来源于《清华大学档案精品集》。

新校舍南区内的理学实验室,其中水塔是自制的。图片来源于《北京大学校史》。

---

[1] 黄钰生:《回忆联大师范学院及其附校》,北京大学校友联络处编《笳吹弦诵情弥切——国
立西南联合大学五十周年纪念文集》,中国文史出版社1988年版,第314~315页。

在联大筹建之初，蒋梦麟与西南联大的师生们还要面临一个与当地人的融合问题。大批高校的师生涌入昆明这个安静的城市，本来是难被这里的军阀所接受的。幸运的是，当时的省主席龙云虽是旧军阀，但是比较开明。蒋梦麟等联大的领导和龙云建立了较好的合作关系。龙云经常为联大提供物质上的帮助，还将自己住宅附近的一栋房子改成了生活区租给联大的教授，只收取象征性的租金，在复杂的政治环境下为联大发展提供了相对自由的空间。

联大的筹建工作终于告一段落。1939年9月间，联大的规模再次扩充，学生人数达到三千多人，新建造的茅屋也正好容纳新来的学生。

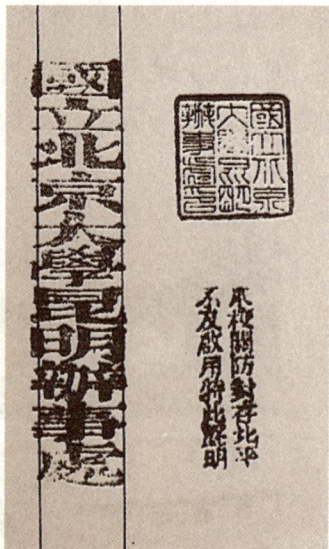

国立北京大学昆明办事处印章印模。图片来源于《北京大学图史》。

北大昆明办事处——龙云借给联大使用的私宅。图片来源于《北京大学图史》。

被房梁刺穿的蒋梦麟办公桌。图片来源于《北京大学图史》。

初建后的西南联大并不安宁。1940年，为彻底切断中国仅存的一条国际通道，日本侵略者强行占领了法属印度支那的越南，切断了滇越铁路，日机对昆明进行了频繁的轰炸。10月13日，二十七架日本轰炸机有计划地对西南联合大学进行轰炸，学生宿舍、教职员宿舍、实验室、图书库多被炸毁，常委会办公室也几乎被夷为平地，蒋梦麟办公室一根被炸断的房梁轰然落下，把他的办公桌桌面刺穿。日益紧张的滇越战线形势，逼迫联大的决策者们再觅校舍。蒋梦麟等又在四川境内勘寻校舍，几经波折确定在叙永建立分校。一年级的新生曾被安顿在此。[1]

有为无为

国立西南联合大学设置常务委员会为学校的最高权力机关，该委员会由北大、清华和南开三所学校校长以及秘书主任杨振声组成，并推荐清华大学校长梅贻琦担任主席。三位校长中，梅贻琦是常住昆明的，所以由他负责联大校务的实际管理工作，张伯苓大部分时间留在重庆负责南开中学的事情，而蒋梦

---

[1] 岳南:《南渡北归·南渡》，湖南文艺出版社2015年版，第196页。

西南联合大学常务委员印。图片来源于余姚蒋梦麟故居。

麟主要负责西南联大的对外联络事宜。时任西南联大文学院院长冯友兰在晚年所著的《三松堂自序》中叙述了当时校内的情况："在长沙临时大学时期，没有校长，由三个学校的校长组成常务委员会，共同主持校务。到了昆明以后，这个制度继续下去。常务委员会开会的时候，教务长、总务长和各学院院长列席。南开的校长张伯苓不常在昆明，实际上只有两个校长在校。北大校长蒋梦麟负责对外，清华校长梅贻琦负责对内，处理日常事务。办事的职员也以清华的为多。梅贻琦说过，好比一个戏班，有一个班底子，联合大学的班底子是清华，北大、南开派出些名角共同演出。"[1]

联大常委和教授合影，前排左三为蒋梦麟。

---

[1] 冯友兰：《三松堂自序》，生活·读书·新知三联书店1984年版，第346页。

　　虽然蒋梦麟在联大期间没有主管教育行政事宜，但是对联大的责任并没有减少一分。在常委会记录中，可看到会上报告蒋梦麟"在渝向当局商洽本校教职员米贴情形""赴渝向教部接洽校务经过情形""在渝接洽补助本大学职教员生活费用经过情形"等内容。从1938年4月至1942年12月联大共召开一百八十八次常委会，蒋梦麟参加了一百四十九次。[1]其间，教育部以缺乏规范的学术标准为由，要为所有的高校教师设定统一的等级标准，而且所有的教师都要向教育部登记备案以便确定合适的等级。经过调查之后，教育部确定了一份合格的教授名单，这激起了联大教授们的不满，因为联大总共约有一百七十名教授，但是公布的名单中只有三十一人，于是"桀骜不驯"的教授们联名抵制教育部的这一决定。这一事件惹恼了教育部，声称要停发联大教授的工资。联大迁往云南之后，由于物价飞涨，教授的工资水准本来就难以应付日常的生活开销，有的教授甚至要卖文挣钱。教育部的这一决定无疑是给教授们雪上加霜。最终蒋梦麟亲自回到重庆商讨，事件才得以平息，教授们的工资依旧照发。[2]

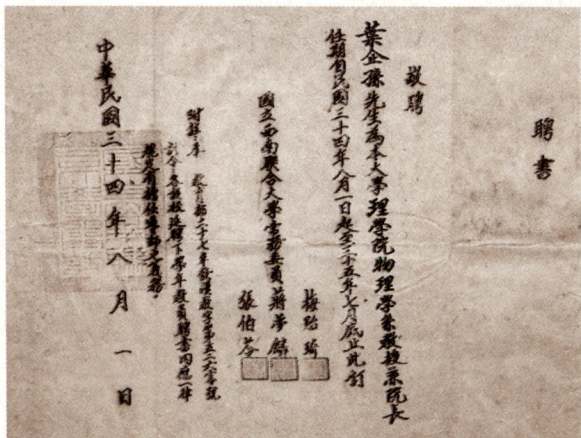

联大盖有三位校长印章的聘请叶企孙为理学院教授兼院长的聘书。图片来源于《清华大学档案精品集》。

[1] 周爽、马建钧：《蒋梦麟校长与西南联大》，《北京大学校报》2007年10月22日，第3版。
[2] 易社强：《战争与革命中的西南联大》，九州出版社2012年版，第87页。

清华大学校长梅贻琦。

南开大学校长张伯苓。

西南联大成立之初，以学校的历史和校长的资历来看，蒋梦麟居于主要的领导地位是理所当然的，但是他始终坚持以大局为重，坚决主张采取常务委员制，而且在实际的管理中推请梅贻琦主持联大的一切行政事宜。由于三所学校的传统各异，北大的教授对于课程安排、经费分配以及学生管理等事务，难免与其他教授有相左的地方，这时候就总要请出校长蒋梦麟来主持公道。蒋梦麟总是劝北大教授以大局为重，多多包容。西南联大能够在战争与革命中始终保持独立民主的姿态，并且三所高校在精神上能够达到契合的状态，这都与蒋梦麟的大局意识密切相关。[1]

筹建长沙临时大学时，南开的张伯苓校长迟迟未到，筹备人员中有人曾泄气地说起散伙的话。蒋梦麟听后对大家表示："你们这种主张要不得，政府决定要办一个临时大学，是要把平津几个重要的学府在后方继续下去。我们既然来了，不管有什么困难，一定要办起来，不能够因为张伯苓先生不来，我们就不办了。这样一点决心没有，还谈什么长期抗战？我们多等几天没有关系。"[2]蒋梦麟的公心可见一斑。其实三所性格

---

[1] 中国人民政治协商会议云南省昆明市委员会：《昆明文史资料》，云南科技出版社2009年版，第5458页。

[2] 叶公超：《孟邻先生的性格》，北京大学校友联络处编：《笳吹弦诵情弥切——国立西南联合大学五十周年纪念文集》，中国文史出版社1988年版，第20页。

各异的学校联合起来谈何容易，况且是战火不断的岁月里。据叶公超所述，那时候的北大是没什么钱的，只要有学生、教员和教室就可以上课；而清华则"享受惯了'水木清华'的幽静与安定"，有稳定的资金来源，但是又不能随意使用；南开大学离开天津时连设备仪器都没有搬出来。好在三位校长带领着师生同心协力，才使联大在战火中支撑了下来。

身在联大的蒋梦麟与北大的老教授们一样，时刻不忘北大的发展。1943年1月，他曾在写给胡适的信中提出了"战后北大方针"——仍旧坚持北大一贯的政策，以蔡元

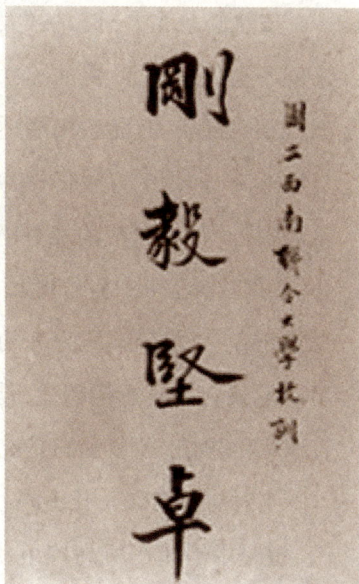

联大校训。图片来源于北京大学校史馆。

培的治学立身精神为基础，战后的北大以文史与自然科学为中心，应用科学和社会科学附之，同时又以文史为中心之中心；要更加强调学生的外语的学习，无论哪个学科的学生，都必须精通一门外语，尤其是学习国文的学生，更要重视外语的学习；要注重学生群性和个性的均衡训练；要严格训练学生的学习，将学科的程度不断提高，对于不及格的学生必须留级或退学。蒋梦麟认为这些计划不仅可以继承北大办学历史中的精华，还可以补救北大教育中欠缺的地方。此外，蒋梦麟与胡适商议想要请美国的大学在北大开设讲座，并且划拨奖学金用以派遣一定数额的留学生去美国深造。[1]

---

[1] 蒋梦麟：《战后北大方针》，曲士培：《蒋梦麟教育论著选》，人民教育出版社1995年版，第289页。

虽然心系北大,但是联大的事务也是要负责到底的。战时维持大学本来就不是容易的事,更何况联大是三所院校合并。蒋梦麟在筹建工作中也感到很大的压力,他曾向胡适说道:"联大苦撑五载,一切缘轨而行,吾辈自觉不满,而国中青年仍视为学府北辰,盛名之下,难副其实。图书缺乏,生活困苦(物价较战前涨百倍以上),在此情形之下,其退步非人力所可阻止。"蒋梦麟表示"为了联大之成功,故不惜牺牲一切,但精神上之不痛快总觉难免"。蒋梦麟压力大的时候不免痛责胡适等人创立联大的提议,甚至说发狠起来真想把胡适、傅斯年等人打死算了。傅斯年曾责怪蒋梦麟不管联大的事情,蒋梦麟只是说:"不管者所以管也。"[1]

当时与西南联大几乎同时建立的还有一所西北联合大学,此校位于陕南,也是由平津三所高校组成,由于各校之间的决策者互相争持不下,西北联合大学矛盾重重,以致难以安心办学。蒋梦麟对西北联合大学这一情形颇有感慨:"他们好比三个人穿两条裤子,互相牵扯,谁也走不动。"在与胡适的通信中,蒋梦麟表达了对此事的看法:"西北联大彼此闹意见,闹得一塌糊涂。西南联大,彼此客客气气,但是因为客气,不免有'纲纪废弛'的坏结果。互让是美德,但是过了度,就会变成互弃职守。这界限是很难划。我是不怕负责任的,但是见了西北的互争之弊,就忍受下去了。"[2]蒋梦麟的处世智慧可见一斑,他有所为有所不为的管理态度,促使西南联大三所高校齐心合作,度过危难。

[1] 蒋梦麟:《战后北大方针》,曲士培:《蒋梦麟教育论著选》,人民教育出版社1995年版,第288页。
[2] 北京大学图书馆编:《北京大学图书馆藏胡适未刊书信日记》,清华大学出版社2003年版,第158页。

蒋梦麟在西南联大的题词：法治精神。图片来源于黄延复编著《图说老清华》。

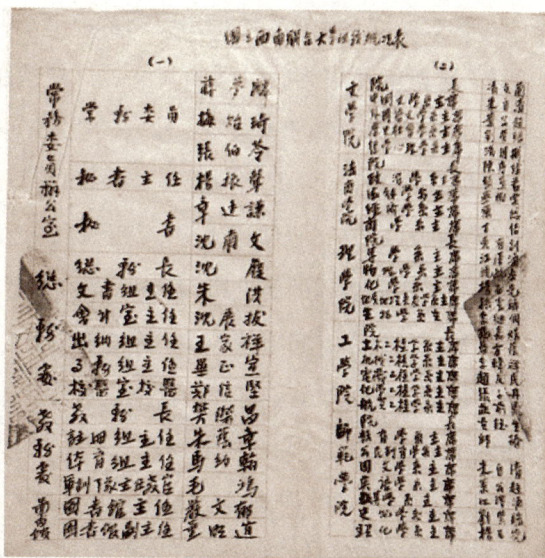

西南联大组织概况表。蒋梦麟、张伯苓、梅贻琦为常务委员。图片来源于《清华大学档案精品集》。

西南联大旧址，现云南师范大学内的蒋梦麟雕像。

联大期间，蒋梦麟还抽出时间练习书法并利用零碎的时间写作自传《西潮》。这里所谓零碎的时间其实就是蒋梦麟在昆明的时候躲避空袭警报的间隙。当时，昆明经常遭受空袭，联大的教授和家属们慢慢练就了从容应对的本事，也正是这样的躲避间隙让蒋梦麟有时间写自传。他认为自己所写的传记像自传，也像回忆录，也像近代史。《西潮》讲述的是中国从1842年到1941年这大约一百年间蒋梦麟的所见所闻。为了英文写作顺利，五十多岁的蒋梦麟坚持两年半每天早晨六点起床读英文。1943年初稿完成，蒋梦麟写信给美国的胡适，请胡适等人帮忙校正。蒋梦麟信中说自己荒疏学问二十多年，到了五十多岁才知发愤求学，他希望自己能活到八十多岁，在以后的二十多年中，能潜心做点学问，以补往日之失，但是他又觉得自己并没有做学问的野心，能做到不苟活于世就好。蒋梦麟请胡适全权修改文稿，他对胡适说："我请你把稿子详细读一遍，把打错的写错的都改正。还有意思不大妥当的，也请改了。行文太直率的

蒋梦麟著作《西潮》书影。

抗战时期的蒋梦麟
和胡适、赵元任的合
影，左一为蒋梦麟。图
片来源于黄延复编著
《图说老清华》。

地方，或大学校长不应该说的话，都请你使他委婉一点。又有别人将认为家丑
不可外扬的，也请你使他暗藏一点。凡一切意思，或文字错的地方，请你全权修
改，一点不要客气，我是不会见怪的。"[1]蒋梦麟嘱咐胡适改好之后将文稿交
给杜威先生过目，校订完成之后再交给Holland（太平洋国际协会）进行最后的
校读。蒋梦麟自传英文版由耶鲁大学出版，在当时引起了巨大的反响。因为自传
所记不仅是蒋梦麟自己前半生的经历，也是中国近代变迁的缩影。

　　联大在风雨飘摇中安然度过一段民主自由的岁月，各种艰辛当然也难以言
表。1946年，西南联大完成使命，三所高校又回归平津。在昆明立有"国立西南

---

[1] 蒋梦麟：《致胡适》，曲士培：《蒋梦麟教育论著选》，人民教育出版社1995年版，第
291~292页。

联合大学纪念碑"，碑中有云："文人相轻，自古而然，昔人之言，今有同慨。三校有不同之历史，各异之学风，八年之久，合作无间。同无妨异，异不害同；五色交辉，相得益彰；八音合奏，终和且平。"[1] 正是因为蒋梦麟、梅贻琦、张伯苓三位校长的协同管理，才使得西南联大在国难的艰辛岁月里得到持续稳定的发展。

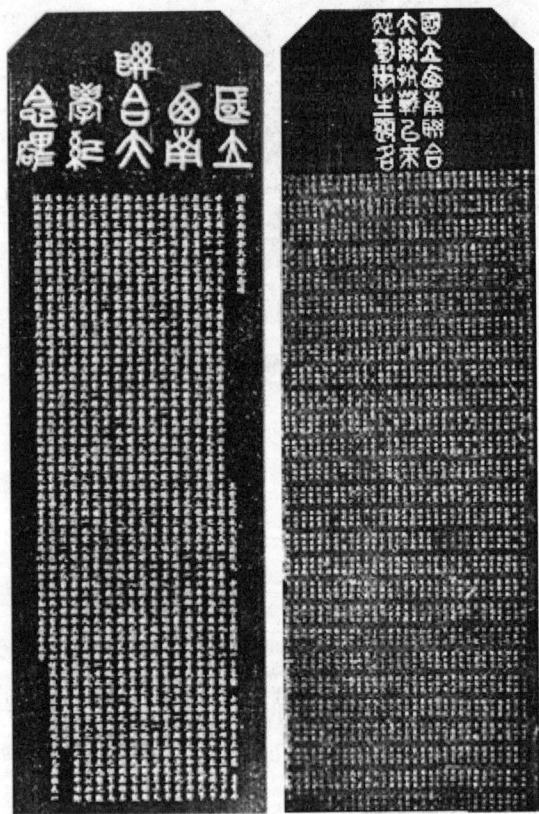

国立西南联合大学纪念碑。图片来源于北京大学校史馆。

[1] 冯友兰：《国立西南联合大学纪念碑文》，北京大学校友联络处编：《笳吹弦诵情弥切——国立西南联合大学五十周年纪念文集》，中国文史出版社1988年版，第2页。

蒋梦麟在农复会办公室。
图片来源于余姚蒋梦麟故居。

　　蒋梦麟在《新潮》的引言中说道，他的大半光阴在北京大学度过，其间谨守蔡校长余绪，把学术自由的风气，维持不堕。走出象牙之塔的学府后，又将五四运动所提倡的民主和科学用于振兴农业，移植于台湾广大的农村里，取得了显著的成效。[1]

终别北大

　　在西南联大建设期间，蒋梦麟在管理联大的同时也兼有一些社会工作。1942年12月，太平洋学会国际会议在加拿大开幕，蒋梦麟代表中国出席并当选为学会的副主席。1944年12月，蒋梦麟又作为中国代表团首席代表出席太平洋学会国际会议，并担任学会的中国分会会长。

　　同时，蒋梦麟还担任了中华教育文化基金董事会的董事长和中国红十字会会长等职务。其间多次以中国红十字会会长的身份前往西南各地考察红十字会的工作。考察时乘坐的是美国提供的救护车，随身携带的是美国红十字会赠送的药品，在实地考

---

[1] 蒋梦麟：《西潮·新潮》，华文出版社2013年版，第286页。

察过程中亲眼目睹了后方医院条件的落后以及拉壮丁的各种惨剧——受伤的士兵得不到有效的救治,许多壮丁也遭受着非人的虐待。蒋梦麟对于士兵的遭遇十分同情,于是将其所见所闻报告给政府当局,以期改善这一状况。蒋梦麟后来回忆说:"最高当局看了信以后,就带一位极亲信的人,跑到重庆某壮丁营里,亲自去调查,想不到调查的结果,完全证实了我的报告。于是把主持役政的某大院,交付军事法庭。法庭不但查明了他的罪案,而且在他的住宅里搜出了大量金条和烟土,于是依法把他判处死刑而枪毙了。"[1] 蒋梦麟在战争期间的所见所闻也在一定程度上使他意识到政治清明的重要性,这也许正是促使他以后辞去校长走上政坛的原因之一吧。

1945年5月,蒋梦麟受宋子文的邀请开始参加行政院的工作。6月25日,国民党中常会议决任蒋梦麟为行政院秘书长,协助行政院院长宋子文的工作。对蒋梦麟的身兼多职,北大教授发出了不同的声音。北大复校之初,几乎所有的教授都不赞成蒋梦麟兼任行政秘书长和北大校长的做法。胡适也劝蒋梦麟辞去行政院的职务,专心搞北大的工作,认为"民国二十年以后,北大复兴,孟邻兄领导之苦心伟绩,弟所深知。北大复员,仍不可无孟邻兄之领导"。[2] 朱家骅和傅斯年则提醒蒋梦麟,如果兼任北大校长就是违反了蒋梦麟任教育部长时制定的《大学组织法》,因为组织法中规定大学校长不得兼任其他行政职务,朱、傅二人劝其辞去北大校长以及联大常委的职务。蒋梦麟为任职之事与北大教授产生了些许分歧,思考再三,最终决定辞去北大的职务。9月,国民政府准免蒋梦麟北大校长的职务,并任命胡适为国立北京大学校长。但实际上是直到1946年7月胡适回国就职,蒋梦麟才真正放心地离开北大。

---

[1] 蒋梦麟:《西潮·新潮》,岳麓书社2000年版,第297页。
[2] 胡适:《胡适全集》(第25卷),安徽教育出版社2003年版,第172页。

蒋梦麟离开北大之后就绝口不再谈教育问题。他后来与人说道："因为有关教育的问题，人人都有意见，人人都自认是专家，争论不已，徒增烦恼。"[1] 对于邀请他作教育之类的演讲，他也一概推掉。曾有人劝蒋梦麟将北京大学在台湾复校。蒋梦麟却认为北大之所以是北大，是因为北大有最好的教授，而在台湾，哪能聘请到像当年北大那样水准的教授，贸然复校只会砸了北大的招牌。这件事不仅体现了蒋梦麟一直坚持的大学重质不重量的原则，也透出他的气魄与风范。

1959年5月，蒋梦麟在台北北大同学会演讲。图片来源于《蒋梦麟教育论著选》。

振兴农业

作为行政院的秘书长，蒋梦麟丝毫没有感到轻松。相对于学校，政治上的利益冲突更加明显，蒋梦麟目睹其中的内幕后越加苦恼。两年之后，随着宋子文内阁的去职，蒋梦麟也结束了其秘书长的职务。随后不久，蒋梦麟又被任命为国民政府委员，并出任行政院善后事业保管委员会主任委员，负责处理联合国在战后援助中国剩余的物资和款项。

---

[1] 胡国台：《刘真先生口述历史》，九州出版社2013年版，第189页。

1948年，蒋介石找蒋梦麟谈话，请他做农村工作。对于这次谈话，蒋梦麟记忆犹新，他在自传中详细地记录了这次谈话的情景。

10月1日，中国农村复兴联合委员会（简称农复会）在南京正式成立。这

农复会新老主任委员交接仪式。图片来源于余姚蒋梦麟故居。

是由美国援助支持成立的，属于中美合作机构，其中中方委员三名，美方委员两名。蒋梦麟被推选为主任委员，正式开启了复兴农村计划。蒋梦麟等委员为了解农村的实际状况与问题，专门包了一架飞机，以南京为中心，在全国各地往返考察。

农复会的工作比较繁忙，一方面要公平地解决社会分配的问题，即社会公道问题，另一方面要采用近代的科学技术来解决个中生产问题。这也是农复会的基本政策。蒋梦麟认为如果只讲生产而不讲公平分配，那么增进生产以后，会使富者越富，贫者越贫，结果必会造成社会的纠纷，不但于事无补，恐怕对整个社会而论，反而有害；如果只讲公平分配而不讲生产，结果就等于分贫或均贫，而不是均富。农复会的目的是要均富，但均富并不是说平均分配，而是公平分配，使大家得到合乎公道的一份，不是使人人得到大小一样、轻重相等的一份。[1]这个日后影响农村发展的基本政策其实是蒋梦麟偶然之中得来的。

---

[1] 蒋梦麟：《西潮·新潮》，华文出版社2013年版，第290页。

蒋梦麟主持农复会会议。图片来源于余姚蒋梦麟故居。

　　1947年，蒋梦麟在伦敦参加一个国家学会，大会推举两个人发言，代表西方发言的是著名历史学家汤因比，代表东方发言的则是蒋梦麟。汤因比首先发言，他说："现在世界上有两个问题，一个是社会公道的问题，换句话说，就是人们福利的问题；另一个是国防问题，也就是一个国家维持军备的费用问题。这两个问题常常互相冲突。如着重社会公道或社会福利，就得牺牲国防的经费。反之，如着重国防，就不能不牺牲多数人民的利益。"他还举了两个例子来说明："一个是俄国，正在拼命地建设国防，所以不得不把人民的福利牺牲了，因此现在俄国的人民生活得很苦。可是美国就不同了，他们在大战以后，便解散了庞大的军队，积极建设起各种公共事业，为大多数人民谋幸福，以彻底维持社会公道……现在这个世界好像一个沉下去的船，大家都想找一个比较安全的地方立足。"蒋梦麟不假思索接上汤因比的话说："如果世界像一条沉下去的船，那么中国就正在这只船的最不安全的一面。"[1]其实蒋梦麟的潜意识中

---

[1] 蒋梦麟：《西潮·新潮》，华文出版社2013年版，第297页。

蒋梦麟在农复会办公室。图片来
源于余姚蒋梦麟故居。

一直在思考这个民生问题,听到汤因比谈到就不由自主地脱口而出。后来蒋梦麟把"社会公道"保留了,而把"国防"改为"科学技术生产",农复会的委员们也接受了这个建议,遂定为农复会的基本政策,即一面讲公平分配,一面讲生产。

十四年的长期抗战,使中国广大乡村的生产组织遭受严重的破坏,农村的状况不容乐观。蒋梦麟一行经常到各地进行考察并推行土地改革,他们先后在湖南、四川、云南等省份设立了办事处,以推动农村工作

1953年,蒋梦麟(前排右四)与朋友合影。

的进展。但是随着国民党内部斗争的加剧和军事战争的节节溃败，农复会的工作也愈加困难。蒋梦麟桃李满天下，此时，学生便帮了不少大忙。甚至农复会中的美国人也奇怪，何以一个校长就有这么多的学生，几乎在全国各地的城市或乡间都会碰到。

1948年12月，农复会随国民政府迁往广州，1949年8月，又从广州迁到台湾。农复会虽然在大陆仅短短一年，但依旧促进了农村的发展，这与蒋梦麟一行的奔波与推进是分不开的。据农复会委员沈宗瀚在《晚年自述》中回忆：

从一九四九年夏季起，农复会致力于大规模能在短期内促进人民福利与增进生产的五项重要工作：（1）在四川、广西、贵州协助政府二五减租，以保障佃农的利益。（2）协助政府加强并改组各省农会，使其成为地方农民为谋自己福利的一个合作组织。（3）扩充灌溉设施，以利农民增加生产。（4）繁殖并推广稻、麦、甘薯及棉花等改良品种，以裕人民衣食之来源。消灭牲畜病害以增加畜牧生产。（5）防治地方性的传染病如疟疾、霍乱病等，以促进农村人民健康，增进他们的劳动能力……

民国三十七年十月至一九四九年八月止，农复会在大陆实施了九十一个农业改进计划，十六个农民组织计划，十八个农村工业计划，七个公民教育计划，五十一个灌溉计划，二十五个农村卫生计划及八个土地改革计划，用去经费等值美金三百五十万元。[1]

---

[1] 王瑞智：《沈宗瀚自述下——晚年自述》，黄山书社2011年版，第358页。

台湾农复会

  在国民党败退台湾之前，蒋梦麟就多次到台湾进行调查，并与当时的台湾省主席陈诚交换意见。当时，农复会提出要做到公平分配最要紧的是进行土地改革，而要讲生产就必须用近代的科学方法。陈诚曾经在湖北进行过土地改革，但失败了，所以当他听到农复会对土地改革的看法时，就非常赞同，并表示大力支持。

  蒋梦麟一行调查了台湾的情形，对台湾的农业发展状况作了一个初步的了解。他们认为台湾处于亚热带，容易发生虫害，并且传播很快，要特别加强防治；此外，还需要注意肥料、改良旧品种、介绍新品种；而且，如果仅仅依

农复会会员视察农村。图片来源于黄俊杰著《农复会与台湾经验》。

靠技术和物质是不够的，还需要组织农民，故而派人去调查农民组织的情况。当时台湾依旧有日治时期保留的农会制度，但这个农会组织掌握在地主手中，其宗旨也并非是为农民谋福利，只是为以前的殖民政府在台湾调度粮食供给日本之用。于是，他们计划把这类农会改组为真正农民的农会，同时推行耕者有其田的政策。除此之外，他们对于防除病虫害、改良品种以及各式各样的生产方法都做了详尽的研究，以求能真正达到改善民生的目的。

由于陈诚的支持以及农复会的大力推广，台湾的农业发展得非常迅速。农复会曾经帮助距离厦门不远的龙岩县进行土地改革工作，据其中的工作人员说，那里自土地改革之后，农民的耕作兴趣提高了，生产能力增加了，社会经济也繁荣起来了。因为农民有了属于自己的土地之后，都加倍努力耕作，丰衣足食，幸福快乐，连土匪也没有了，生活很太平。在这个小地方，蒋梦麟看到了土地改革的成效，增强了他对于土地改革的信心，他希望把土地改革推向全国。

在农复会的协助下，陈诚草拟了"三七五减租"方案，他表示，"我一切事都听从民意，唯有这'三七五减租'案及连带的法案，务必请大家帮忙通过"。于是，该方案顺利得到通过。1949年4月，台湾颁布了《台湾省私有耕地租佃管理条例》及《推行"三七五减租"的若干具体办法》等法律条例。具体办法是：

（一）限定租额。核定佃农租用地当年主要物产的收获量，扣除种子、肥料等耕作费用百分之二十五，余下的百分之七十五由农民与地主对半分，双方各分百分之三十七点五。原地租超过百分之三十七点五的减为百分之三十七点五，原地租不到百分之三十七点五的不得增加。同时，对于预收地租及押租金等一切额外负担，全部取消。耕地因遇水、旱等天灾而歉收时，佃农可依法申请减免租额。

（二）保障佃农权利。地主与佃农双方签订书面租约，租佃期限，不得少于六年，地主不得中期终止租约，也不准升租。租期届满后，除地主要求收回自耕外，佃农愿继续承租者，仍应续订租约。

（三）兼顾地主利益。明文规定佃农应按时纳租，在租佃期内，佃农如积欠地租达两年之总额时，地主可以撤田，解除租佃关系。[1]

"三七五减租"法案拉开了台湾土地改革的序幕。蒋梦麟在台湾的土地改革中一直扮演着重要角色，他不仅在田间地头实地调查，为农村政策的制定提供有力的支持，同时为土地政策进行广泛的舆论宣传，有力地推动了农村政策的落实。

1952年，为配合陈诚提出的耕者有其田政策，蒋梦麟不分昼夜地对细节进行商议。当时的土地改革政策负责人黄季陆回忆说："孟邻先生对我的帮助十分重要，我不仅时时要请教他，遇到困难，为我解决问题的亦离不了他……在草拟耕者有其田条例，预备提到立法院完成立法程序前，我们每次开会都有激烈的辩论，如像关于保留田的数额问题、老弱孤寡问题、等则问题、地价

蒋梦麟调研农业生产。图片来源于余姚蒋梦麟故居。

[1] 刘德久等著：《解读台湾——1949年后台湾社会发展纪实》，九洲出版社2000年版，第79页。

补偿问题，等等。特别是一次讨论条例第二十八条，关于佃农取得地权后能否转移的问题，争论最烈，参加会议的人在内政部办公室内，从早上八时到深夜零时三十分，耗去了十数个钟头的反复辩论考量才取得协议。那天我们总共在内政部吃了四餐饭：早饭、午饭、晚餐和宵夜。孟邻先生以六十七岁的高龄，竟始终其事，毫无倦容……最后乃由孟邻先生调和双方意见，于是日深夜获致协议。"[1]

　　四健会是20世纪初兴起于美国的农村青少年社会教育组织，是美国现代农业推广制度的重要组成部分。1950年，美国农村社会学教授安德生博士受邀赴台考察台湾农会，为改进台湾农会提供了诸多参考意见，同时也提出了设立农村青少年组织的建议。

　　从事教育多年的蒋梦麟十分推崇四健会。他认为：四健运动是一种农村教育运动，四健组织是农村青少年的团体，实为今后农复会很重要的工作。它的

蒋梦麟欢迎农复会美国顾问指导四健运动。图片来源于《蒋梦麟图传》。

---

[1] 转引孙善根：《走出象牙塔——蒋梦麟传》，杭州出版社2004年版，第252页。

目的在训练今日农村青少年成为将来有科学知识和技能的农民，所以这是复兴台湾农村的百年大计。[1] 1961年，蒋梦麟又发起成立"中华民国四健会协会"，为四健会的发展提供了更多的帮助，也为台湾农村青少年的成长创造了有利的条件，为台湾的农业振兴培养了后备人才。

　　蒋梦麟在主持农复会期间，一直关注着农田水利建设。在农复会建立之初，蒋梦麟一行经过多地考察，将水利问题放在首位。在迁到台湾之后，他依旧将水利问题放在十分重要的位置，主张发展水利工程，兴修灌溉渠道。石门水库的建设就是蒋梦麟的重要功绩之一。

　　1954年，农复会联合台湾水利局等部门组成石门水库设计委员会，主持兴建水库的具体事宜。1958年，蒋梦麟出任石门水库建设委员会主任委员，全面负责水库的建设，直到水库基本建成。在水库建设期间，蒋梦麟经常住在石门监督工程进度，连附近的村民都无一不知这位年迈的老人。

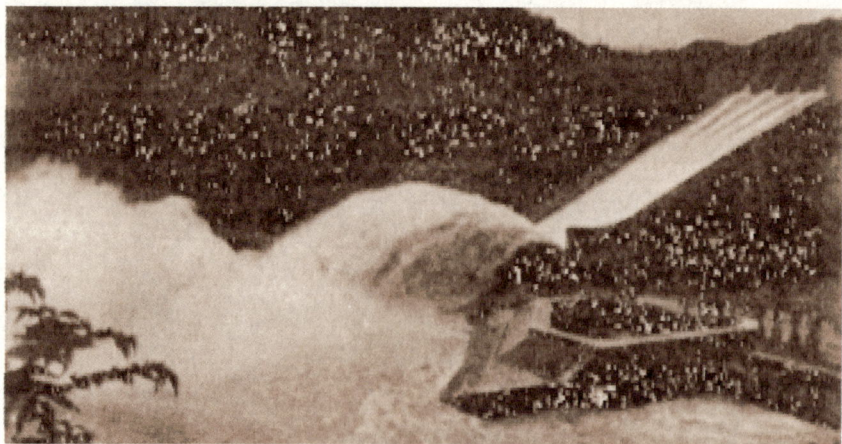

桃园石门水库。图片来源于黄俊杰著《农复会与台湾经验》。

---

[1] 程朝云：《农复会与战后台湾四健会的设立与发展》，《台湾历史研究》2013年第1辑。

据蒋梦麟之女蒋燕华回忆，台湾建石门水库时，蒋梦麟每周末都在那里度过。到工程落成即待开闸前夕，有人提出延期放水，说是此举攸关全台北人民的生命财产，万一酿成洪水，整个城市将沉入水底。蒋梦麟对执行长徐鼐说："水库经过许多有经验的

1959年，蒋梦麟（左二）等在台湾中南部参观地方建设。图片来源于许海峰选编《宽容与自由　胡适语录》。

工程师的设计，这五六年来动员众多人劳动，持续改进。既决定了开闸日期，还要等什么？要是真的造成洪灾，我就第一个跳下去向人民谢罪。"水库终于如期开闸，解除了台北地区一万五千公顷土地的水灾与旱灾。[1]　石门水库如今是台湾的主要水库之一，其建成之后，不仅使台湾广大的耕地有了灌溉保障，同时也兼具发电、防洪、旅游等功能，为台湾经济的发展提供了重要支撑。

蒋梦麟的后半生都是为了农业而奔波。也正是由于他的努力，台湾的农业得到了很大的发展。1958年，蒋梦麟荣获麦赛赛奖，该奖是菲律宾政府以其已故总统麦赛赛的名义设立的，分为政府服务、社会服务、新闻专业、文学、科学、美术等六大门类，颁发给亚洲有特别贡献的人士。该奖委员会在给蒋梦麟的颁奖辞中写道：

差不多十年前，你被推举为一个新的政府机构的主席。这个机构是为制定和推行中国农村建设计划而创设的。为了达成这个目的，你和你的同僚，在中美两

[1] 钱理群、严瑞芳：《我的父辈与北京大学》，北京大学出版社2006年版，第113页。

国合设的农村复兴委员会里,制定了一套特别有效的方案。

在台湾,农村复兴委员会对于农业生产的增加和改善显然已发生媒介作用,很容易看得出来。同样重要的是农村复兴委员会,一方面推行有效的土地改革,一方面组织农会来实行农产品的加工与推销,设立卫生诊疗所,开凿灌溉沟渠,和使用其他方法增进农村生活之丰足。这些工作使得社会公平正义得到了保障。

虽然农村复兴委员会的成就是许多人工作的效绩,但你是该会的主席,你的贡献在于使得各方面的工作得到均衡,因而成为该会成就的重要因素。你以前是你的国家里一位杰出的教育家,你在政府的工作上带有一种宽大而富有人道精神的观点,使得你的贡献充满容忍与弹性,同时在你所领导的机构里,对于各项设施作了高度的优越选择。

同样的,你为你的同僚,在政府服务上,树立了一个崇高的标准。你的服务是以谋致大众福利,而不是取得个人报酬为尺度的。

在指定你为麦赛赛奖政府服务部门第一位受奖人之时,基金会认为你在这个中美机构卓越的领导是你的同胞农村生活重大进步的一个主要因素。[1]

蒋梦麟在领奖之后,也作了简要的致辞:

人类文明本是伟大人物勋绩的写照,如影随形。但是各个时代对于伟大人物的衡量是常有变易的。今天一个伟大人物必定是平民的领导者,麦赛赛总统正是这样一个人,他的影响将普及世界……在有了这样认识之后,我才来接受麦赛赛奖金。再深切一点来说,我是来向这位伟大的领导者虚心致敬的,而不是来接受基金会给予我和我的同挚这项荣誉的……从另一个角度来看,农复会的工作

[1] 孙善根:《走出象牙塔——蒋梦麟传》,杭州出版社2005年版,第265～266页。

蒋梦麟荣获麦赛赛奖。图片来源于余姚蒋梦麟故居。

精神深符麦赛赛总统的理想，为农村中最大多数人谋致福利。[1]

1959年3月20日，蒋梦麟写了一封长信给时任台湾省教育厅厅长的朋友刘真，向他说明农复会的理念和做法。即使在今天，这些理念和做法也对决策和实务有着参考意义。

顷奉本月十七日惠教，多承藻饰，愧不敢当。惟该文所举各点，确系农复会十年来时刻勉力遵循的途径……农复会多数计划系从小规模实验开始。成效既着，步骤已定，扩大推广，自容易矣……"我们把目光放在远处，把双脚踏在实地"即是此意。知实务，而乏理想，则无法对社会作较高一层的贡献。有理想，而无方法，则理想只是空想，永无实现可能。余最佩服美国老罗斯福总统的下面

[1] 孙善根：《走出象牙塔——蒋梦麟传》，杭州出版社2005年版，第266～267页。

几句话: If a man does not have an ideal and try to live up it then he becomes a mean, base and sordid creature, no matter how successful he is. If on the other hand, he does not work practically, with the knowledge that he is in the world of actual men and must get results, he becomes a worthless head-in-the-air culture, a nuisance to himself and everybody else.[1]

刘真认为，蒋梦麟之所以在学术和事功两方面均有卓越的成就，主要的原因就是蒋梦麟有崇高的理想，并且能够脚踏实地去实现自己的理想。所以"不论在教育部，在北大，在农复会，凡由他主持的机构，都能特立独行，择善固执，不计毁誉"，刘真说："在台湾我所认识的教育界前辈中，他是我最敬佩的一位。"[2]

晚年生活

蒋梦麟的一生有过三段婚姻。早在蒋梦麟出国前夕，他就奉命与同村姑娘孙玉书结为夫妻，并育有一子一女，后女儿不幸夭折。从美国留学归来后，又添两儿一女。但两人始终在生活及文化上有很大的差异，随着蒋梦麟的社会地位逐渐上升，孙玉书实在无法与之相适应。1933年，蒋梦麟与妻子协议离婚。蒋梦麟采用"离婚不离家"的方式，为孙玉书妥善安排了离异后的生活。蒋家宗族内仍保持孙玉书地位及一切人际关系，且允许她以儿媳身份孝养蒋父终老，凡蒋梦麟当时已经分得的及将来可能继承的家业都归其所有，三子一女的教育

[1] 胡国台：《刘真先生口述历史》，九州出版社2013年版，第191页。
[2] 胡国台：《刘真先生口述历史》，九州出版社2013年版，第194页。

蒋梦麟（右二）和陶曾谷（右三） 与胡适等人的合影。图片来源于智效民著《胡适和他的朋友们》。

费用则由蒋梦麟继续承担。由于孙玉书生性憨厚老实，再加上协议的合理，所以她也并没有任何怨言。离婚之后，蒋梦麟随即与陶曾谷结婚。

蒋梦麟在主持北大期间，与同事高仁山私交深厚。高仁山留学多年，对教育有独到的见解，积极进行教育改革，希望通过教育来拯救国家。在"三一八"惨案之后，北京教育界面临着前所未有的压力，教授们纷纷离开北京，高仁山不仅没有离开北京，反而成立了"北方国民党左派大联盟"，坚决反对军阀混战，最后不幸遇难。当时高仁山与妻子陶曾谷已经有一儿一女，由于丈夫的不幸离世，陶曾谷只能将儿女送回老家，由高仁山的父母照料。陶曾谷则经人介绍进入教育部，成为蒋梦麟的秘书。不久，两人便坠入爱河，蒋梦麟也开始与原配分居。

1933年，蒋梦麟正式与陶曾谷结婚，胡适担任证婚人。蒋梦麟与陶曾谷的婚礼丝毫没有避嫌，蒋梦麟在婚礼上答谢宾客时说道：

我一生最敬爱高仁山兄,所以我愿意继续他的志愿去从事教育。因为爱高兄,所以我更爱他爱过的人,且更加倍地爱她,这样才对得起亡友。[1]

蒋梦麟与陶曾谷婚后的生活比较和谐,婚后也没有生育子女。1938年,高仁山的遗子相继到达昆明,并就读于岗头村南菁中学。两家异姓子女在一起生活,相处十分融洽,无异于一家之人。[2]

蒋梦麟全家福。图片来源于余姚蒋梦麟故居。

---

[1] 民国文林编著:《民国范儿:是真名士自风流》,现代出版社2011年版,第220页。
[2] 钱理群、严瑞芳:《我的父辈与北京大学》,北京大学出版社2006年版,第110页。

1958年，陶曾谷病逝，这对于蒋梦麟来说是个巨大的打击。与蒋梦麟生活多年，陶曾谷当然非常了解蒋梦麟，临终前，她对一位表亲说："孟邻的身体很好。他太重感情了，我死后他一定承受不住，我不忍心他受长期的寂寞，希望你能够帮他找一个合适的对象。"[1]这位表亲随后也多方物色，但大都作罢，最后终于找到了徐贤乐。

徐贤乐结识蒋梦麟时不到五十岁，此时蒋梦麟已经七十二岁。徐贤乐离婚之前是曾出任国民政府驻苏联大使杨杰的夫人，由于徐贤乐强烈的财产掌控欲望，使她和杨杰的婚姻仅仅维持了几个月，所以她似乎在台湾的名声并不是很好。但蒋梦麟对徐贤乐一见钟情，称"在我见过的一些女士中，你是最使我心动的人"。蒋梦麟没有想到的是，正是这个心动的人使他的晚年生活不再平静。[2]

年轻时的徐贤乐。图片来源于蔡登山著《何处寻你：胡适的恋人及友人》。

在两人相识不久之后，蒋梦麟就宣布要与徐贤乐结婚。在两人结婚之前，徐贤乐就已经把蒋梦麟的财产情况大概了解清楚。当时徐贤乐向蒋梦麟索要二十万，但蒋梦麟只给了八万，其中六万是买订婚戒指，两万是做衣裳。但徐贤乐却并不满意，经常向别人抱怨，还声称要做个精明的管家婆。[3]

蒋梦麟的婚事在台湾引起了极大的震惊，诸多亲友都表示反对，老朋友胡适便是其中之一。当农复会秘书长樊际昌向胡适报告蒋梦麟又要结婚的消息时，胡适说："他第二次和高仁山的寡妇结婚是我证婚的。我希望他这次不

[1] 钱理群、严瑞芳：《我的父辈与北京大学》，北京大学出版社2006年版，第113页。
[2] 民国文林编著：《民国范儿：是真名士自风流》，现代出版社2011年版，第221页。
[3] 崔军伟：《蒋梦麟晚年的不幸婚姻》，《文史月刊》2006年第6期。

要请我，最好是公证。"[1]1961年6月19日，胡适托樊际昌带信给蒋梦麟，劝他"悬崖勒马"，放弃续弦。樊际昌把信交给蒋梦麟时，蒋梦麟已经知道了胡适的态度，开口就说："我替国家做了多少事。结婚是我个人的私事，我有我个人的自由，任何人不能管我。我知道外面有一个组织来反对我。这个组织是以北大为中心的。适之先生的信，一定要谈这件事，我不要看。"[2]6月20日上午，蒋梦麟见到时任中华民国副总统的陈诚，陈诚跟蒋梦麟说："我的太太接到蒋夫人——第一夫人的电话，她坚决反对你跟这位徐小姐结婚，我的太太也反对，都要我转告于你。如果你一定要和她结婚，那么我们以后不能见面了，至少，你的夫人我们是不能见面了。"蒋梦麟听后说："副总统，你看我现在不是继续不断地抽烟吗？我昨天不是答应你考虑吗？我昨夜抽了整夜的烟，考虑了一夜不曾睡觉。我已决定不和她结婚了。此后善后的问题，还不知道怎样办好，总要有个交代。"[3]

蒋梦麟经过胡适等人的劝说有所动摇，但是几经考虑，蒋梦麟最终还是作出自己的选择。1961年7月，蒋梦麟在一片反对声中举行了婚礼。7月26日，蒋梦麟看望胡适，并对胡适说自己的新夫人很好，"人家说她看上我的钱，其实她的钱比我的多"。蒋梦麟还准备带她去见胡适，胡适只是劝蒋梦麟还是赶快回去安慰他的女儿才好。

新婚之后，蒋梦麟的生活似乎又迎来了春天。但好景不长，一年多后，问题逐渐凸显。

1962年底，四健会在台中教师会馆举行展览会。蒋梦麟在巡视会场时不慎滑倒，腿部骨折住进台北荣总医院。蒋梦麟住院不久，徐贤乐就心生不满。在此期间，她不仅擅自向石门水库借钱，并且将蒋梦麟的老友沈宗瀚的夫人逼离

---

[1] 胡颂平：《胡适之先生晚年谈话录》，新星出版社2006年版，第163页。
[2] 胡颂平：《胡适之先生晚年谈话录》，新星出版社2006年版，第179页。
[3] 胡颂平：《胡适之先生晚年谈话录》，新星出版社2006年版，第179～180页。

宿舍，这令蒋梦麟无比懊恼。1963年徐
贤乐托言回家做年宵，将其在蒋家之
户口迁出，并搬出其行李。蒋梦麟出院
后，徐贤乐已不知去向。

　　出院后，蒋梦麟开始痛斥徐贤乐，
提出不再联系。蒋梦麟痛心没有接受
故友的忠告，愧对故友，决心拿出勇气
来纠正错误。他说："我发觉错误便
应改正，所谓'人作孽，不可赦'，我
愿面对事实，接受不幸的后果。这事
件得有了断，我才可以恢复从前的宁
静，而以余年从事未完成的工作与写
作。"[1] 1963年4月10日，蒋梦麟向台
北地方法院起诉，请求和徐贤乐离婚。

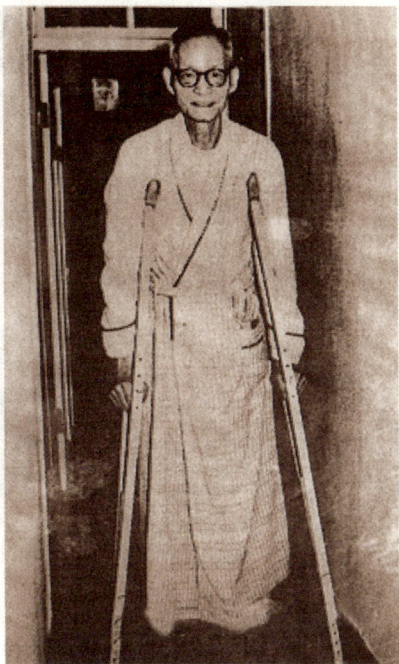

蒋梦麟不慎失足骨折入院。图片来源
于余姚蒋梦麟故居。

同时，蒋梦麟还公开了1961年6月18日夜
胡适写给他的信。徐贤乐也毫不客气，不仅召开新闻发布会，还将蒋梦麟之前
的书信全部公开。蒋梦麟与徐贤乐的矛盾逐渐升级，最后在陶希圣等人的协调
下，于1964年初协议离婚。俩人能够离婚成功还得归功于一张纸条：新婚之夜，
徐贤乐一再向蒋梦麟询问其动产及不动产等经济状况，蒋梦麟便在教师会馆
的便条纸上列给徐贤乐看。蒋梦麟一直保留着这张纸条。后来闹离婚的时候，
蒋梦麟的律师将纸条呈给法官作为证据来说明二人并无真正的爱情，否则新
婚之夜为何有此一幕。法官采信证据这才得以离婚成功。[2]

---

[1] 钱理群、严瑞芳：《我的父辈与北京大学》，北京大学出版社2006年版，第132页。
[2] 胡国台：《刘真先生口述历史》，九州出版社2013年版，第193页。

晚年的蒋梦麟。图片来源于马勇著《蒋梦麟传》。

顾维钧夫妇探望新婚的蒋梦麟（右一）与徐贤乐（右二）。图片来源于民国文林编著《民国范儿：是真名士自风流》。

　　晚年婚姻的不幸使年近八十的蒋梦麟遭受了巨大的打击，身体状况愈加恶化，精神状态也日趋低落。1964年6月，蒋梦麟的病情更加严重，经多方劝解，才同意住进医院。6月17日，蒋梦麟的女婿吴文辉问他难过不，蒋梦麟摇摇头，微声地勉强吐出"不行了"三个字，那时他还是很清醒的。同时，他坚持要撤掉氧气和葡萄糖的供应，其他人也遵照了他的要求，他也并没有显出十分痛苦的样子。6月19日凌晨，蒋梦麟的病情急转直下，最终因医治无效而溘然长逝。[1]

　　蒋梦麟逝世之后，台湾立即成立了治丧委员会，以严家淦为主任委员。6月23日，在台北极乐殡仪馆举行了公祭仪式，并将其与第二任妻子陶曾谷合葬。

---

[1] 钱理群、严瑞芳：《我的父辈与北京大学》，北京大学出版社2006年版，第132页。

蒋介石亲临蒋梦麟追悼会。图片来源于
余姚蒋梦麟故居。

蒋梦麟的过世是"学术界难以弥补的重大损失"，然而"哲人已远，风范犹在"，蒋梦麟对中国教育功不可没。正如台湾学者吴相湘所说："蒋梦麟先生在民国教育史上地位仅次于蔡元培。……蒋主持北大近二十年，不顾内乱外寇之困扰，勇敢负责，勤奋建设。危城讲学，大义凛然。终蔚成全国最高学术中心，作育人才至为众多。"[1]

蒋梦麟墓。图片来源于余姚蒋梦麟故居。

[1] 民国文林编著：《民国范儿：是真名士自风流》，现代出版社2011年版，第226～227页。

后 记

　　承蒙储朝晖先生的信任，我们高兴而又忐忑地接下了撰写《蒋梦麟画传》的任务。本书主要依据蒋梦麟自传《西潮·新潮》提供的材料撰写，沿用了自传的思路，充分尊重了蒋梦麟在自传中的思想。

　　在本书写作的过程中，我们参考了曲士培的《蒋梦麟教育论著选》、马勇的《蒋梦麟传》、孙善根的《走出象牙塔——蒋梦麟传》、张彬的《浙江教育发展史》等教育专著，借鉴了北京大学校史、西南联合大学校史、浙江大学校史以及其他相关著作，前人的研究给我们的写作带来了很大的启示。

　　本书图片主要来源于余姚蒋梦麟故居、北京大学校史馆、北京大学档案馆、浙江大学校史馆、浙江大学档案馆以及已经出版的北京大学档案馆、校史馆编的《北京大学图史》和顾良飞主编的《清华大学档案精品集》以及其他一些相关著作。感谢他们为我们提供珍贵的图片材料。

　　衷心地感谢丛书的主编储朝晖先生对本书写作的精心指导，感谢四川教育出版社张纪亮先生对本书出版的支持，感谢四川教育出版社央金编辑对本书图片选用、文字修订以及书稿编辑上的指导及大力帮助。

　　由于我们水平有限，书中难免会有不妥、不全甚至错误之处，恳请读者指正。

仲玉英　陈桃兰　艾乐　夏雪源

二〇一六年八月五日